社会保障
知っトク
まるわかり

安心生活をつくる38の方法

はじめに

　この本は、市民・消費者、社会的弱者が社会保障制度を活用する時に、必要な知識を読みやすく、分かりやすく解説したものです。社会保障制度を解説する本は沢山ありますが、利用者・市民目線で解説した本は少ないのです。それ故に今日までこの国の社会保障制度は難解で、使い勝手が悪く、不親切な印象が強く、市民生活に充分根付かなかったのだと思います。

　しかし、市民生活の困窮が進み、貧困者が増加する中で、社会保障制度を活用しないで済ますことはできません。そこで、全国クレサラ・生活再建問題対策協議会は2014年1月、社会保障問題研究会を設置し、社会保障制度を学び、積極的に活用するために調査、研究を始めました。先ずは全国に500人の社会保障専門相談員を養成して、市民目線で社会保障制度の知識の普及と活用を促進させようと考えたのです。

　ご承知の通り、社会保障は申請主義がとられています。社会保障受給の資格要件を備えていても申請しなければ与えられません。しかし、申請するためには予めその知識が与えられていなければなりません。日本の場合、市民が社会保障の権利を請求するのに十分な知識が提供されていません。これでは市民にとって社会保障は絵に描いた餅であり、受給する機会が失われている、奪われているに等しいのです。国は社会保障の知識、情報をより徹底して普及啓発する責任があります。

　実際に、社会保障制度の調査、研究を始めてみるとその領域は広大で、かつ分野毎に複雑かつ困難な問題を抱えていることが分かりました。そこで、全員が全ての領域をカバーすることは困難なので、育児、教育、就職、医療、年金、介護、生活保護、

高齢者、障害者など各分野毎に責任者を決め、その責任者が毎回報告、討論をするという方法で作業を進めました。幸い研究会に社会保険労務士、ソーシャルワーカー、福祉行政・消費生活行政の担当職員の方々などが参加され、侃侃諤諤(かんかんがくがく)の活発な議論が続けられました。

　そして丸3年が経過し、少しだけですがその成果をクレサラ対協の仲間の人達や社会福祉関係に関わる方々にお読み頂ける情報が見えてきましたので今回初版として纏(まと)めることとしました。まだまだ初歩的なものですが、先ず社会保障問題はこの入り口から入って頂ければと思って執筆したものです。

　研究会の会員は、それぞれの仕事や活動で多忙な中、研究会や合宿に熱心に参加され、水谷英二事務局長の指示の下、本書のため執筆を急いでくれました。心から感謝申し上げたいと思います。

　こうした情報は、クレサラ対協の会員には全てインターネット上の動画として見て頂けるようになっていますのであわせてご活用ください。そして本研究会に関心を持って頂けるならば2ヶ月に1回のペースで京都で研究会を続けていますのでご出席ください。

　社会保障制度は憲法25条が市民に保障する確固たる基本的人権であり、財政問題や政治情勢で揺らぐものであってはなりません。そして、その議論は利用者たる市民目線で行われなければならないと私達は考えています。

　本書がより多くの方々にお読み頂け、この国の社会保障制度がより前進する一助となればと念じています。

　　　2017年10月
　　　　　　社会保障問題研究会　代表弁護士　木村　達也

目　次

はじめに ……………………………………………………………… 2

第1章　社会保障とは ……………………………………………… 7
- Q1　なぜ社会保障は必要ですか？ ……………………………… 7
- Q2　社会保障にはどんな制度がありますか？ ………………… 11
- コラム　私の中のケースワーカー ……………………………… 14
- Q3　社会保障と憲法はどのような関係がありますか？ ……… 15
- Q4　社会保障の財源はどうなっていますか？ ………………… 18

第2章　年　金 ……………………………………………………… 21
- Q5　年金とは、どのようなものですか？ ……………………… 21
- Q6　老齢の年金はどうしたらもらえますか？ ………………… 26
- Q7　年金の繰り上げ支給と繰り下げ支給とは何ですか？ …… 35
- コラム　社会保険労務士（社労士）とは？ …………………… 39
- Q8　障害年金とは何ですか？ …………………………………… 40
- Q9　障害年金はどうすれば受給できるのですか？
　　　また年金額を教えてください ……………………………… 41
- Q10　障害年金の請求方法はどんなものがありますか？ ……… 49
- Q11　遺族年金とは何ですか？ …………………………………… 51
- Q12　国民年金の連帯納付義務規定とは何ですか？ …………… 56

第3章　雇用・労働 ………………………………………………… 59
- Q13　雇用保険とは何ですか？ …………………………………… 59
- コラム　精神保健福祉士（PSW）のお仕事ってなぁに？ …… 60
- Q14　雇用保険の失業等給付とは、
　　　どんな内容で、どういう場合に受けられるのですか？ … 61
- Q15　失業した場合の健康保険と年金はどうなりますか？ …… 66
- Q16　会社を解雇（または雇い止め）された場合は
　　　どうすればいいのでしょうか？ …………………………… 68

コラム	社会福祉協議会とは ………………………………………………	71
Q17	仕事中にケガをした場合は、どうすればいいのでしょうか？ また、仕事と無関係にケガをした場合はどうでしょうか？ ………	72
Q18	残業代をもらっていないのですが、どうすればいいのでしょうか？ ………………………………………………………………………	75
コラム	自主退職を迫られて！ ……………………………………………	78

第4章　医　療 …………………………………………………………… 80

Q19	医療保険にはどんな種類がありますか？ ………………………	80
Q20	無料低額診療事業とは何ですか？ ………………………………	85
Q21	医療費の一部負担金を軽減できる高額療養費制度とは何ですか？ ……	89
コラム	わが国の自殺問題と私たち専門家の課題 ……………………	94

第5章　介　護 …………………………………………………………… 97

Q22	介護保険制度とは何ですか？ ……………………………………	97
Q23	介護保険サービス利用の手続きについて教えてください ………	99
コラム	老老介護の経験から ………………………………………………	104

第6章　児童福祉と子育て支援 ……………………………………… 107

Q24	児童福祉にはどんな制度がありますか？ ………………………	107
コラム	民生委員はこんな仕事をしています ……………………………	112
Q25	児童手当と児童扶養手当の仕組みはどうなっていますか？ ……	113
Q26	母子（父子）家庭に対する支援にはどのようなものがありますか？ ……	117
Q27	障害がある子どもに対する支援内容を教えてください ………	122
コラム	手探りのこども食堂 ………………………………………………	127

第7章　生活保護 ……………………………………………………… 129

| Q28 | 生活保護の利用の要件を教えてください ……………………… | 129 |

 Q29 窓口に申請に行ったら断られたのですが、どうすればいいですか？ …… 134
 Q30 生活保護を利用しようとすると、
   家や車を手放さなければならないのですか？ ………………… 137
 Q31 年金を受け取っていても生活保護は利用できますか？ ………… 142

第8章 生活困窮者自立支援 ……………………………………………… 145
 Q32 生活困窮者自立支援法の制度について教えてください ……… 145
 Q33 住居確保給付金について教えてください ……………………… 148
 コラム 野洲市の生活困窮者等への支援について ……………… 157

第9章 教 育 ………………………………………………………………… 160
 Q34 高校、大学等に進学するときの支援内容を教えてください … 160
 Q35 奨学金（特に日本学生支援機構の奨学金）の内容について
   教えてください ………………………………………………… 164
 Q36 奨学金が返せません。どうすればいいですか？ ……………… 168

第10章 住 宅 ……………………………………………………………… 172
 Q37 新しい住宅セーフティネットが整備されたと聞きました。
   どのように活用できるのでしょうか？ ………………………… 172

第11章 税金の滞納とその対応 …………………………………………… 176
 Q38 税金を滞納して督促が来ていますが、
   相談しても受け付けてもらえません。どうすればいいですか？ …… 176
 コラム 家計のコントロールで貯金ができる生活再建 ………… 181

編集後記 ……………………………………………………………………… 183
索　引 ………………………………………………………………………… 184

第1章 社会保障とは

Q1　なぜ社会保障は必要ですか？

1　必要な人に必要な社会保障を

　日本は、2016年の名目GDPランキングで世界第3位の国であり、他の先進国と比較しても、経済的には恵まれた国のはずです。しかし、アベノミクスなどの経済対策が大々的に行われているにもかかわらず、2014年国民生活基礎調査では、生活が苦しいと感じている世帯の割合が、過去最高の62.4％を記録するという事態になっています。

　ここで考えなければならないのは、豊かな国なのに、なぜ生活が苦しい人が増えているのかということです。やはりそこには格差社会、無縁社会の広がりがあり、非正規雇用で期間を限られ、働いても働いても右肩上がりに給料が増えていかない雇用のあり方の問題や、親戚や近隣住民でも、お互いのかかわりや助け合いの少ない縁の薄い社会の問題があると思います。そんな中で、誰もが、例えば失業とか、事故とか、病気とか、離婚とか、そういった人生の困ったできごとの中で、余裕がなく、すぐに貧困に転落してしまう、そういう「ため」のない社会になっているのです。

　今、最も懸念されているのは、貧困の連鎖の問題です。2015年国民生活基礎調査では、子どもの相対的貧困率は13.9％、ひとり親家庭の相対的貧困率は50.8％と報告されており、一時期よりは改善しているものの、まだまだ、生活に苦しさを感じる子どもたちがかなり多く存在しています。子ど

もが生活困窮の家庭に生まれ育つ。それは選ぶことはできないのですが、そこで生まれ育って、経済的な困難を抱えたまま、大人になり、その子も、結局、経済的な困難を抱えた家庭をつくってしまう。そうやって次世代に貧困が続いていくのを、どこで断ち切るのかが問題なのです。

　そこで私たちが今考えなければならないのは、何か生活に困ることがあった時に、適切な社会保障につなげることで、その家庭の最低限度の生活を守り、生活を立て直せないかということです。子育て、医療、障害福祉、雇用、年金、生活保護、介護など必要な社会保障を、誰もが必要な時に受けられていないから、貧困から脱却できないのではないか。社会保障を必要とする人は、自分がどんな制度を利用したら助かるのかを知らず、自分で行政窓口にたどり着けない人が多いのです。また無理だといわれるとすぐにあきらめてしまう傾向もあります。申請主義の壁の中で、社会保障を受けられず、貧困が生み出されている構造を、何とか変えていかなければなりません。

2　なぜ社会保障を学ばなければならないのか？

　皆さんよくご存じのとおり、憲法25条という条文があります。生存権という条文です。ここには、「すべて国民は、健康で文化的な最低限度の生活を営む権利を有する」と書かれています。また第二項として、「国は、すべての生活部面について、社会福祉、社会保障及び公衆衛生の向上及び増進に努めなければならない」と規定されています。

　社会保障というのは、まさに、この生存権を具体化した法律や規則に基づく制度ですから、生きる権利、最低生活の保障を実現するための制度ということが言えます。

　しかし他方で、社会保障に関する法律、法令、通達というのは、非常に莫大な数になります。主な法律だけでも、数え切れないぐらいあり、そこに、さらにいろいろな通達等がありますし、またこれらが頻繁に改正を繰り返しています。また、年金保険などは、継ぎ接ぎ、継ぎ接ぎで、いろんな制度改革を繰り返した結果、とても難解です。ですので、とても一般人にはわかりにくい複雑な制度なのです。

　これは法律家といえども、そう簡単ではありません。この社会保障の制度を勉強していくというのは、それなりに時間や経験が必要になっていくと思

います。そこで、どうしても、普段の相談に来られる方に対しては、行政の窓口を案内して終わりになりがちです。

　しかし、ここで考え直さないといけないのは、社会保障は、上から与えられるものではないということです。実際、相談窓口等のお話を聞いていると、行政窓口が、常にちゃんとした、正しい知識を持って、適切に対応しているとは限りません。専門職員ばかりではなく、非正規の職員も多いですし、知識不足、思い込みによる誤った指導というのも、残念ながら、見かけることがあります。そういった行政窓口に対しては、確かな法的な知識を持って、当事者とともにこれはおかしいんじゃないかといっていくということも、法律家の大事な仕事なのではないかと思っています。

　そしてまた、特に法律家の役割として大事なのは、社会保障を守らない人たちと闘う術を与えることができるということです。社会保障を守らない人たちと対峙して、きちんとその制度を守らないことについて追及するという中で、制度の改善につながっていくのではないかと思っています。

　例えば、社会保障の多くは、事業主において、被保険者の加入手続を行っています。健康保険もそうですし、年金保険もそうです。しかし、特に非正規雇用においては、あなたは健康保険には入れません、あなたは年金保険には入れませんということで、会社の側が間違った理解をしていることが多々あります。

　その理由としては、社会保険を使う従業員が多くなると、半分事業主が保険料を負担しているので、会社の負担が多くなるから加入させたくないという裏の事情もあります。しかし、こういった事業主に対して、社会保障を利用させないことについての、きちんとした対応をしていかないと、いつまでも事業主の甘えを抑制できないのです。もちろん、行政窓口に行って、ここはちゃんと社会保険に加入させていないので、ちゃんとしてくださいという指導をしてもらうことも大事ですが、社会保障を利用させないことについての、損害賠償請求などが認められた裁判例もありますので、断固とした対応をとらなければならない場面も出てきます。そういった中で、やはり社会保障のルールを守り、必要な人に必要な社会保障を使わせないと、損害賠償を受けるんだということを、ちゃんと理解させるということも、他方で大事なんだろうなと思っています。

貧困問題を解決するということは、いま最も求められている課題です。真に福祉国家として生まれかわるためにも、社会保障を権利として具体的に保障していく、実現していくことが大事です。法律家や貧困な人たちを支援する立場の方が手をとり合い、適切な社会保障の知識をもって、目の前にいる相談者に、具体的に、あなたはこういうところで、助けを得ることができる、こういう制度を使えば、もっと生活が楽になることができるということを、アドバイスしていくだけでもだいぶ違ってくるでしょう。貧困問題の克服は、社会保障を学ぶあなたの肩にかかっているのです。

（佐々木育子）

Q2 社会保障にはどんな制度がありますか？

1 社会保障の目的別の分類

社会保障は憲法25条の生存権の条文に由来し、「すべて国民は、健康で文化的な最低限度の生活を営む権利を有する」「国は、すべての生活部面について、社会福祉、社会保障及び公衆衛生の向上及び増進に努めなければならない」と規定されている内容を、法令の中で具現化したものです。非常に広範囲で、複雑多岐にわたる法令が整備されていますが、目的別に分類すると以下の通りです。

① 社会保険
② 公的扶助
③ 公衆衛生及び保健医療
④ 社会福祉
⑤ その他の社会保障

2 社会保険とは

(1) 我が国の社会保障で、中心的な制度は社会保険です。社会保険には、①年金保険、②医療保険、③介護保険、④雇用保険、⑤労働者災害補償保険（労災保険）の5つの制度があります。社会保険の特徴は、ある一定の条件を満たす人は必ず加入しなければならない「強制保険」であることです。

これは自動車の自賠責保険制度と似ています。自動車の任意保険については加入するかどうかは自由意志ですが、自賠責保険は強制保険であり、自動車を保有する者は必ず加入しなければならないと法令で定められ、事故の被害者への賠償金を保障しています。

強制保険であるがゆえに、保険料の支払いは義務化され、加入しなければならないのに、必要な手続きを怠ったり、保険料を払わなかったりすると、一定の不利益が課されることになります。

(2) 社会保険では、各制度に該当する保険事故にあい、加入者が危機的な状況になった時に、これを助ける「保険給付」が払われ、経済的困窮を予防する効果があるといわれています。そこから、社会保険は「防貧的機能」を持つといわれています。

　ここで、「保険事故」とは、保険給付の原因となるできごとのことで、保険事故が発生することによって収入の減少や多額の出費を伴うものを指しています。

　具体的には、以下のような事故があった時に、各保険の給付が生じます。
① 年金保険：老齢、障害、死亡
② 医療保険：業務外の疾病・負傷、これによる休業や障害、出産、死亡など
③ 介護保険：要介護状態、要支援状態となったこと
④ 雇用保険：失業時に給料を得られなくなること、高年齢、育児休業、介護休業などで働けなくなること
⑤ 労働者災害補償保険：業務災害、通勤災害による傷病、休業、障害、死亡等

(3) 社会保険では、保険を運営する主体を保険者、加入して保険料を支払い、保険給付を受ける人を被保険者と呼びます。

　社会保険の保険者は、原則的に国ですが、医療保険では、もっと身近にあるところが保険者を引き受けることになり、健康保険では、協会けんぽや健康保険組合、国民健康保険では市区町村などが保険者となります。介護保険の保険者も市区町村です。

3　公的扶助とは

(1) 公的扶助とは生活困窮者に最低限度の生活を保障し、自立を助ける制度です。代表的なものが生活保護（生活扶助・教育扶助・住宅扶助・医療扶助・出産扶助・介護扶助・生業扶助・葬祭扶助）であり、全額税金でまかなわれています。

(2) 公的扶助は「救貧的機能」を持つといわれています。公的扶助はすでに貧困に陥り、「持てる財産、能力を活用しても、貧困のため最低限の生活を営めない」ときに支給される、最終的なセーフティネットであると

されているからです。

4　公衆衛生及び保健医療とは

　公衆衛生及び保健医療とは、国民が健康に生活できるようさまざまな事項についての予防、衛生を図るための制度です。例えば、伝染病などの疾病予防、健康づくりなどの保健事業や、母性の健康を保持、増進するとともに、心身ともに健全な児童の出生と育成を増進するための母子保健、食品や医薬品の安全性を確保する公衆衛生などの制度がこれにあたります。

5　社会福祉とは

　社会福祉とは、障害者、ひとり親家庭など、社会生活をする上でさまざまなハンディキャップを負っている国民が、そのハンディキャップを克服して、安心して社会生活を営めるよう、在宅や施設でのさまざまなサービスを提供する公的な支援を行う制度のことです。
　支援対象者に応じて主に下記の5種類に分けられます。
① 　児童福祉
② 　障害者福祉（身体障害者福祉・知的障害者福祉、精神保健福祉）
③ 　老人福祉
④ 　ひとり親福祉制度
⑤ 　社会手当（児童手当、児童扶養手当、特別児童扶養手当など）

6　その他の社会保障

　その他の社会保障制度には次のようなものがあります。
① 　恩給（旧軍人への給付）
② 　戦争犠牲者援護（旧軍人の遺族のための給付）
　終戦から70年以上を経過し、受給者の数は減少していますが、戦争のために犠牲になったり、労働力を捧げた人達が「文化的な最低限の生活をするための保障」です。

　このように見てみると、社会保障制度がいかに多くの制度を含んでいるかがわかると思います。また似た目的を持つ制度は、併給禁止、受給金額の調

整などの条項が盛り込まれていることが多いため、一つの社会保障だけでなく、横断的にさまざまな制度を知り、使いこなしていくことが必要です。

（佐々木育子）

コラム　私の中のケースワーカー

　36年間生活保護のケースワーカーや面接員をして、3年前に定年退職。その後は、嘱託で生活保護の訪問活動支援員をしています。
　24歳で初めてケースワーカーになった時、生活保護のことは分かりませんでした。訪問先のおじいちゃんやおばあちゃんから色々な事を教わりました。楽しい仕事だと思って定年まで続けました。
　私が気を付けていたのは、ケースワーカーは、生活保護利用者の財布を握っているので、対等になれない事。それをいつも頭に入れて、何でも話ができるようにするためにはどうしたらいいのかを考えて行動していました。福祉事務所に呼び出す事は、極力しませんでした。質問には、懇切丁寧に理解出来る言葉で何度でも説明をしました。疑問に思う事は、何故なんだろうと質問して私が理解できるように心掛けました。それは、面接員やＳＶ（査察指導員）に本人に代わって説明するためです。
　家庭訪問して体調はどうですかと聞くと、大抵変わりないよと返事が返って来ますが、よく見ると足をひきずっていたり、顔色がおかしかったりして、どうしたのか聞くと転んだとか寝れなかったりと話が出てきます。相手に寄り添うことを心掛けました。訪問してこちらが聞きたい事は後回しにして、相手の話したい事をまず聞いてから、こちらの聞きたい事を聞くようにしました。そうこうしていると訪問してくれるのが待ち遠しいと言ってくれる人もいました。嬉しかったです。
　それと、敢えて言えば、騙されても騙さない。失敗しても何回でも、チャンスを提供できる事に心掛けました。

（小池直人）

Q3 社会保障と憲法はどのような関係がありますか？

1 社会保障上の権利は、憲法で保障された人権であること

(1) 生存権をはじめとした社会権保障

　日本国憲法は、生存権（25条）、教育を受ける権利（26条）、勤労の権利（27条）、労働基本権（28条）という社会権を保障しています。社会権は、福祉国家の理想に基づき、社会的経済的弱者を保護し、実質的平等を実現するために保障されるようになった人権です。

　ところで、社会保障とは、我が国では、医療、年金、介護、生活保護などが代表的なものとして認識されていますが、福祉先進国である北欧諸国では、それに加え、広く教育、雇用なども社会保障の範囲に属するものとして捉えられています。その意味で、日本国憲法の社会権保障は、広い意味での社会保障を人権として保障したものであると考えることができます。

　憲法25条1項は、「すべて国民は、健康で文化的な最低限度の生活を営む権利を有する」と定めています。これがいわゆる「生存権」です。この生存権は、社会権の中でも原則的な規定です。この憲法25条1項の趣旨を実現するために憲法25条第2項は、「国は、すべての生活部面について、社会福祉、社会保障及び公衆衛生の向上及び増進に努めなければならない」と規定し、国に生存権の具体化について努力をする義務を課しています。それを受けて、生活保護法や国民健康保険法、国民年金法、雇用保険法などの社会保障に関する法律が設けられています。

　生存権をはじめとする社会権は、憲法により、人権として国民に保障されているものですが、憲法を根拠に、国に対して、直接具体的な請求をすることができる権利を保障したものではなく、国民は、憲法の規定を実現する具体的な法律が制定されて、はじめて国に対して請求できるものと解釈されています。生存権についていえば、憲法25条の生存権保障を具体化するために設けられた生活保護法で具体的権利として保障されることになります。この場合、生活保護法を通じて憲法25条の趣旨を実現することもできるので

はないでしょうか。

　朝日訴訟第一審判決は、憲法25条の趣旨を踏まえ、生活保護法に規定された「健康で文化的な生活水準」の具体的内容は固定的ではないが、理論的には国における特定の時点において客観的に決定できるものであり、厚生大臣の定める保護基準設定もそれに覊束されるものであるとしました。しかし、その後の上告審判決において、最高裁判所は、憲法25条1項は、国の責務を宣言したにとどまり、健康で文化的な最低限度の生活の具体的内容については、厚生大臣の裁量権に任されているとして、第一審判決の判断を覆しました。

(2) 社会保障の根底にある個人の尊厳や平等

　憲法は、上記の社会権規定のほかにも、13条の個人の尊厳、14条の平等権などを、「人権」として保障しています。憲法によって保障されている社会保障の内容は、当然、個人の尊厳や平等権に資するものでなければなりません。医療、介護、年金、生活保護をはじめ、教育、雇用などにおいても、個人の尊厳が侵害されたり、平等に受けられるべきことが受けられず、格差や貧困を生むことがないようなものでなければなりません。

　憲法の趣旨からすれば、経済的な理由によって、医療や介護が受けられなかったり、教育が受けられなかったりすることはあってはならないことです。

(3) 社会保障は恩恵ではなく、権利であり、人権であること

　社会保障は、憲法で保障された権利であり、人間であれば誰もが等しく享受できるはずの「人権」であることを、誰もが認識し、理解しなければなりません。国は社会保障が人権であるとすれば、これを安易に抑制したり、切り下げることはできないはずです。また、不十分であれば、これを充実する責務があります。さらに、享受する側の国民も人権である以上、それが侵害され、あるいは、侵害されるおそれがあるときは、積極的に声を上げるべきです。

　そのためには、社会保障によって受けられる給付やサービスは、国から与えられる恩恵ではなく、権利であり、憲法が保障する人権であることを明記した社会保障基本法といえるものを制定することが必要でしょう。社会保障基本法は、社会保障が抑制され、切り下げられたとき、これを争う有効な法

的根拠となるものですし、また、具体的に社会保障を実現していくうえでの大きな拠り所となるものです。

2 憲法25条の趣旨を骨抜きにする社会保障制度改革推進法

　2012年に成立した社会保障制度改革推進法は、憲法25条に基づく社会保障のあり方を大きく変更させるものです。社会保障制度改革推進法は、その基本的な考え方の中で「自助、共助及び公助が最も適切に組み合わされるよう留意しつつ、国民が自立した生活を営むことができるよう、家族相互及び国民相互の助け合いの仕組みを通じてその実現を支援していくこと。」としています。社会保障を国の責務としていた憲法25条の趣旨からすれば、社会保障は本来「公助」でなければならないはずであり、それを自助、共助をもって行うものとするのは、社会保障に対する国の責務を放棄するに等しく、憲法25条を骨抜きにするものです。この社会保障制度改革推進法成立以降、年金、医療、介護、生活保護などの一連の社会保障の抑制、切り下げの制度改革が次々になされています。また、近時の政府の骨太方針を見ると、「公助」という言葉すら忘れたかのようであり、「互助」、「共生」といった言葉が盛んに使われるようになっています。近時、にわかに現れた「我が事、丸ごと地域共生社会」なる国の構想などを見ると、もはや国は、社会保障の責務を放棄し、国民に丸投げするかのごとくです。憲法25条をはじめとした社会保障にかかわる人権にとって大きな危機を迎えているといわなければなりません。社会保障を国の責務とした憲法の趣旨をあらためて確認することが必要です。

　　　　　　　　　　　　　　　　　　　　　　　　　　　（村上　晃）

Q4 社会保障の財源はどうなっていますか？

1 社会保障の財源のあり方

　社会保障の財源は、その国の社会保障のあり方と大きく関係しますが、基本的に税を中心とするものと、社会保険を中心とするものがあります。また、それ以外に国による社会保障ではなく、民間保険を中心とする国もあります。

　税を中心とした社会保障モデルは、北欧諸国やイギリスに代表され、社会保険を中心とした社会保障モデルは、ドイツやフランスに代表されます。民間保険を中心とするものは、アメリカに代表されます。

　税を中心とする国は、社会保障のあり方として、すべての国民を対象とする均一な給付を行うことを基本的特徴（「普遍主義モデル」）とします。これに対し、社会保険を中心とする国は、基本的には保険加入者を対象とし、職域ごとの保険により給付が異なることを特徴（「社会保険モデル」）とします。

　日本の場合は、基本的に社会保険を中心としています。ただし、後述のとおり、基礎年金の半分は税から支出されていますし、生活保護は、全額税から支出されています。また、健康保険や介護保険についても、給付の大きな割合について税から支出されています。

2 我が国の制度

(1) 社会保障給付費と社会保障財源の内訳

　我が国の社会保障給付費は、平成26年度は、総額は約112兆円であり、その内医療が約36兆円（約32％）、年金が約54兆円（約49％）、福祉その他が約21兆円（約19％）を占めます。一方、平成26年度の社会保障財源の総額は約136兆円であり、その内社会保険料が約48％、公費負担が約32％、他の収入が約20％となっています。

(2) 医療保険

　我が国では、すべての人が、職場や地域ごとの医療保険に加入します（「国

民皆保険」)。国民健康保険(国保)は、自営業者や他の健康保険組合に入らない人が加入します。全国健康保険協会(協会けんぽ)は、職場ごとの健康保険組合がない中小企業の会社員が加入する保険です。保険料を加入者と事業者が半分ずつ負担します。健康保険組合(健保組合)は、職場ごとに会社員が加入します。保険料を加入者と事業者で負担しますが、保険料率は組合ごとに異なります。共済組合は、公務員が加入する組合です。加入者と国や地方自治体が半分ずつ負担します。後期高齢者医療制度は、75歳以上のすべての人が加入します。後期高齢者医療制度では、税が50％、他の健康保険からの拠出金が40％、残り10％が高齢者自身が負担する保険料によってまかなわれています。

(3) 年金

自営業者や他の年金に入らない人が加入する国民年金(基礎年金)、会社員が加入する厚生年金、公務員が加入する共済年金があります。年金財源の方式としては、積み立て方式と賦課方式があります。積み立て方式は、自分が払い込んだ保険料が積み立てられ、退職後に支給される仕組みであり、賦課方式は、ある年に現役世代によって支払われた保険料が、その年の老齢受給者の支給にそのまま充てられるという仕組みですが、我が国は、賦課方式をとっています。また、基礎年金については、給付額の2分の1は税を財源としています。

(4) 介護

我が国の介護制度は、社会保険(介護保険制度)によって行われています。医療のような職域ごとのものではなく、市町村が保険者となっています。もっとも市町村ごとの保険料に著しい違いが生じないようにする仕組みや、財政を安定化させるための仕組みが設けられています。介護費用は、利用者負担以外の部分について、公費(国、都道府県、市町村が負担)と保険料でそれぞれ半分ずつ負担しています。

(5) 生活保護

生活保護は、その財源は、すべて税でまかなわれています。この点、財源を保険料に求める社会保険方式を基本とする医療、年金、介護とは大きく異なります。

3 社会保障財源をめぐる議論

　以上のとおり、我が国における社会保障は、基本的には、税方式ではなく、社会保険方式によっています。ただし、実際には、社会保障財源に占める公費負担（税）の割合は、すでに3割を超え、その割合は、増加傾向にあるといえます。我が国が税方式ではなく、社会保険方式をとったことについては、さまざまな理由があるところですが、医療における保険料未納による受診抑制、年金における無年金者、低年金者の増大など、保険加入者のみを給付の対象とすることを本質とする社会保険方式のほころびが顕在化し、その対応が迫られる状況になっています。

　社会保障の財源のあり方として、税方式によるのか、社会保険方式によるのかということは、社会保障のあり方としての選別主義、普遍主義とも大きく関連することであり、ひいては格差や貧困のない社会をめざすのか否かという国のあり方とも関係する問題です。

　そもそも我が国の税と社会保険料を合わせた国民負担率は、OECD加盟国の中で極めて低いものです（2014年では、33ヶ国27番）。社会保障関係支出（社会支出）の対GDP比においては、北欧、イギリス、フランス、ドイツなどと比べて低いことが指摘されています。社会保障を充実させるためには、税であれ、社会保険であれ、その財源を増やすことが必要です。どのようにすれば、その財源を増やすことができるのかについては、さまざまな考え方があります。また、我が国では、税と社会保障給付による所得再分配が十分に行われていないことが、格差と貧困の原因になっていることも指摘されるところです。特に税については、消費税導入の反面、所得税減税、法人税減税をはじめ、さまざまな大企業や富裕層の優遇税制など、税の所得再分配機能を低下させる税制改革が次々になされてきました。税の所得再分配機能を強化し、応能負担原則に基づき担税力のあるところに税負担を求めることが必要であると考えます。

（村上　晃）

第2章　年　金

Q5　年金とは、どのようなものですか？

1　国民皆年金

　日本では「国民皆年金」といって、日本国内に住む20歳以上60歳未満のすべての人が国民年金に加入を義務づけられています。憲法第25条の理念に基づき、老齢・障害・死亡に関して、生活保障を行うことを目的としています。

2　公的年金とは

　公的年金は、国の社会保障制度として、法律に基づいて社会保険方式により、国が管理・運営をしています。現役世代が納める保険料によって、高齢者、障害のある方や遺族の年金給付を賄う「賦課方式」を取っており、世代と世代が支え合う仕組みになっています。もらう年金には、物価スライド（物価に応じて増減）や国庫負担（税金の補填）があります。税法上、保険料を納付する際には、社会保険料控除として全額が所得控除、老齢の年金をもらう人は公的年金等控除として、一定額が非課税。税法上、優遇されています（障害や遺族年金は、全額非課税）。

公的年金制度の仕組み

公的年金とは？
・年老いたとき
・病気やケガ等で障害を負ったとき
・家族の働き手が亡くなったとき

＊現在の現役世代の納める保険料によって、高齢者、障害のある方や遺族の年金給付を賄う
→「賦課方式」
＝世代と世代の支え合い

〈公的年金5つのメリット〉
① 賃金や物価に応じて給付額をスライド
② 受給権者が亡くなるまで年金を支給
③ 万一の場合の障害・遺族年金も支給
④ 給付費などに対する国庫負担が行われること
⑤ 支払った保険料は税制上、所得から全額控除されること（社会保険料控除）

日本の年金制度は公的年金だけだと2階建て、それに上乗せする年金制度を含めると3階建てとなります。

公的年金は2階建ての仕組みになっており、1階部分は全国民共通の「国民年金（基礎年金）」で、日本に住む20歳以上60歳未満の人が加入します。会社員や公務員は、国民年金の上乗せ部分として、「厚生年金」にも同時に加入しています。公務員や私立学校の職員は、平成27年9月30日まで共済年金に加入していましたが、平成27年10月から、共済年金は厚生年金に統一されました。

3　公的年金の種類

(1) 国民年金

20歳以上60歳未満の自営業者やサラリーマンの妻、学生等（厚生年金の加入者以外）は、国民年金に加入します。制度としては、日本に住む20歳以上の人が加入します。

国民年金の被保険者は職業等により、次の3種類に分かれています。

① 第1号被保険者

20歳～60歳未満の自営業者や学生、無職の人など。国民年金保険料は

公的年金制度の仕組み（2階建て）

	確定拠出年金（個人型）／確定給付企業年金／確定拠出年金（企業型）	3階部分
付加年金／国民年金基金／確定拠出年金（個人型）	代行部分／厚生年金保険	2階部分
国民年金（基礎年金）		1階部分
第1号被保険者 自営業者、学生、無職の人 など	被用者（原則65歳未満の人） 第2号被保険者 民間会社で働く人／公務員・私立学校教職員など	第3号被保険者 厚生年金加入者の被扶養配偶者（サラリーマンや公務員等の配偶者）

自分で納めます。平成29年度の毎月の保険料は、月額1万6490円（平成30年度は、月額1万6340円）で、翌月末日が納期限ですが、2年以内であれば納めることができます。また、保険料をまとめて前払い（前納）すると割引があります。

【経済的に保険料を納めるのが難しいとき】
　保険料を払うのが困難な場合には、保険料免除制度があります。
・法定免除
　　生活扶助を受けている人や、障害年金1・2級を受給している人は、届出をするとその間の保険料が免除されます。
・申請免除
　　収入が少ない人は、前年の所得によって、全額免除、半額免除、4分の1免除、4分の3免除の4とおりの免除制度があります。
　　天災や失業などの事由に該当した場合には「特例免除」に該当し、前年の所得に関わらず申請免除を受けることができます。
・学生納付特例制度と納付猶予制度
　　20歳以上の学生も平成3年4月から国民年金に強制加入となりました

が、学生本人の前年の所得が一定基準（単身者118万円）以下なら、「学生納付特例制度」が利用できます。

　50歳未満の低所得者（単身者57万円以下）には、納付猶予制度があります。

　法定免除、申請免除、学生納付特例、納付猶予制度とも、手続きは市町村役場で行います。未納の為に将来年金がもらえないということがないように、市町村役場に相談しましょう。

② 第2号被保険者

　厚生年金に加入している原則65歳未満の人を言います。自分で国民年金保険料は納付していませんが、加入している年金制度が拠出金という形でまとめて保険料を納めています。

③ 第3号被保険者

　厚生年金加入者の被扶養配偶者（会社員や公務員等の配偶者）を言います。保険料は、配偶者の加入している年金制度から納めています。なお、被扶養配偶者とは、配偶者の健康保険の被扶養配偶者（年収130万円未満）で、20歳～60歳未満の人を言います。

(2) 厚生年金

　会社員や公務員、私立学校の職員は、働いている間は70歳まで厚生年金に加入します。厚生年金の被保険者は国民年金にも同時加入（第2号被保険者）をし、65歳から老齢基礎年金と老齢厚生年金の2つの年金を支給するという、2階建ての年金です。保険料は、毎月の給料（標準報酬月額）やボーナス（標準賞与額）に一定の保険料率をかけて算出します。民間会社に勤める人の厚生年金保険料率は、平成29年9月からは18.3％。その額を会社と本人とで折半負担。給料やボーナスから天引きされます。

　被用者年金一元化法により、平成27年10月1日から公務員や私立学校教職員は厚生年金に加入となり、年金の2階部分は厚生年金に統一されました。

4　保険給付は、老齢、障害、遺族の3つ

　年金は、年を取ったとき（老齢）、病気やケガによって一定の障害の状態になったとき（障害）、一家の働き手や年金を受け取っている方が亡くなられたときに家族に支給される（遺族）年金があります。

どんな時にもらえるかは、Q6～11で、詳しく説明をします。なお、年金額については、平成29年度の価額となります。

保険給付（老齢・障害・遺族）

種類			厚生年金の加入者	国民年金の加入者
老齢	老齢に達したとき	60～64歳まで	特別支給の老齢厚生年金	繰上げ支給の老齢基礎年金
		65歳～	老齢厚生年金 老齢基礎年金	老齢基礎年金
障害	病気やケガによって、日常生活が困難（1・2級）		障害厚生年金 障害基礎年金	障害基礎年金
	労働が困難（3級）		障害厚生年金	
遺族	死亡したとき（遺族になったとき）	子のある配偶者または子	遺族厚生年金 遺族基礎年金	遺族基礎年金
		配偶者・子・父母・孫・祖父母	遺族厚生年金	死亡一時金または寡婦年金

※子・孫とは、「18歳到達年度の末日まで」、または「20歳未満で障害等級1・2級の状態にある」子・孫で、未婚であること。
※夫・父母・祖父母は55歳以上。ただし、支給は60歳から。
※配偶者は内縁でもOK。

（高田智子）

Q6 老齢の年金はどうしたらもらえますか？

1 平成29年8月1日より年金の受給資格期間が25年から10年になりました！

　老齢年金を受けるためには次の受給要件を満たすことが必要です。20歳〜60歳の間に、保険料を納めた期間、サラリーマンや公務員・私立学校教職員であった期間、保険料が免除された期間、カラ期間（昭和36年4月から昭和61年3月までの間に厚生年金保険・共済組合などの被保険者（加入者）の配偶者で国民年金に任意加入しなかった期間など）を合わせて、10年以上必要（平成29年8月1日から10年に短縮されました。それまでは、原則25年以上必要でした）です。なお、この10年というのは年金がもらえるための最低条件ですから、10年掛けたら後は掛けなくてもよいということではありません。年金は加入実績に応じて支給されます。仮に10年のみの加入期間だと低年金者になってしまいますので、ご注意ください。

2 老齢年金の手続きは？

〈支給開始年齢の3ヶ月前に年金請求書が届く〉
・受給資格期間を満たし厚生年金の加入期間が1年以上ある人は支給開始前の3ヶ月前に
・厚生年金の加入期間が1年未満の人や国民年金だけ加入した人は65歳の3ヶ月前に
　　名前や住所等が印字された年金請求書が入ったA4版緑色の封筒が届きます。必要事項を記入し、受給開始年齢の誕生日の前日以降に、「年金請求書」を年金事務所や市区町村役場に、添付書類をそろえて提出します。

3 国民年金はいつから、いくらもらえますか？

　老齢基礎年金は、原則65歳から支給されます。20歳から60歳になるまで40年（480月）保険料を納めると、77万9300円の老齢基礎年金が受給できます。途中で納めていない期間がある場合は、納めた期間に応じて減額にな

ります。

なお、付加保険料（国民年金第1号被保険者が月額400円）を納めた場合には、200円×付加保険料を納めた月数が加算されます。

老齢基礎年金の計算式

779,300円 × (保険料納付済月数 + 全額免除月数×2分の1 + 4分の3免除月数×8分の5 + 半額免除月数×4分の3 + 4分の1免除月数×8分の7) ÷ 480月（昭和16年4月1日以前生まれの人は加入可能月数）

① 平成21年3月分までは、全額免除は3分の1、4分の3免除は2分の1、半額免除は3分の2、4分の1免除は6分の5で、それぞれ計算します。
② 4分の3免除、半額免除、4分の1免除の承認を受けた期間に減額された保険料を納めていない場合、未納期間扱いとなります。
③ 納付済期間には、20歳～60歳になるまでの第2号被保険者期間、第3号被保険者期間も含みます。
④ 付加保険料を納めた人は、「200円×付加保険料を納めた月数」が加算されます。

4 厚生年金はいつからもらえますか？

昭和61年の年金制度改正で、厚生年金の被保険者は国民年金にも同時加入（第2号被保険者）となり、65歳から老齢基礎年金と老齢厚生年金の2階建ての年金制度になりました（p.23図）。

・原則65歳から（p.28）

老齢厚生年金は、厚生年金の被保険者期間があって、老齢基礎年金を受けるのに必要な期間を満たした人が、原則65歳から受給できます。

・60歳台前半から65歳まで受給できる「特別支給の老齢厚生年金」（p.28）

60歳台前半に受給できる厚生年金は、特別支給の老齢厚生年金といいます。原則10年以上の受給資格期間を満たしている人で、厚生年金（サラリーマン・公務員・私立学校教職員の期間がある人は合算して）が1年以上あり、支給開始年齢に達すると、支給されます。

〈特別支給の老齢厚生年金の受給開始年齢は性別・生年月日によって異なります〉

生年月日ごとの支給開始年齢 生年月日　（　）内は女性の場合	特別支給の老齢厚生年金					65歳〜の 老齢年金
	60歳	61歳	62歳	63歳	64歳	
昭和16年4月1日以前 （昭和21年4月1日以前）	報酬比例部分					老齢厚生
	定額部分					老齢基礎
昭和16年4月2日〜昭和18年4月1日 （昭和21年4月2日〜昭和23年4月1日）	報酬比例部分					老齢厚生
		定額部分				老齢基礎
昭和18年4月2日〜昭和20年4月1日 （昭和23年4月2日〜昭和25年4月1日）	報酬比例部分					老齢厚生
			定額部分			老齢基礎
昭和20年4月2日〜昭和22年4月1日 （昭和25年4月2日〜昭和27年4月1日）	報酬比例部分					老齢厚生
				定額部分		老齢基礎
昭和22年4月2日〜昭和24年4月1日 （昭和27年4月2日〜昭和29年4月1日）	報酬比例部分					老齢厚生
					定額部分	老齢基礎
昭和24年4月2日〜昭和28年4月1日 （昭和29年4月2日〜昭和33年4月1日）	報酬比例部分					老齢厚生
						老齢基礎
昭和28年4月2日〜昭和30年4月1日 （昭和33年4月2日〜昭和35年4月1日）		報酬比例部分				老齢厚生
						老齢基礎
昭和30年4月2日〜昭和32年4月1日 （昭和35年4月2日〜昭和37年4月1日）			報酬比例部分			老齢厚生
						老齢基礎
昭和32年4月2日〜昭和34年4月1日 （昭和37年4月2日〜昭和39年4月1日）				報酬比例部分		老齢厚生
						老齢基礎
昭和34年4月2日〜昭和36年4月1日 （昭和39年4月2日〜昭和41年4月1日）					報酬比例	老齢厚生
						老齢基礎
昭和36年4月2日以後 （昭和41年4月2日以後）						老齢厚生
						老齢基礎

※共済組合加入の男女は、厚生年金の男性と同じスケジュールで支給開始年齢が引上げられます。

特別支給の老齢厚生年金の受給資格

下記のように、過去に共済組合等に加入していた方は、その期間を含めて1年以上あれば、特別支給の老齢厚生年金の受給資格を満たします。

| 共済　6月 | 国民年金　300月 | 厚生年金保険　6月 |

　また、生年月日や男女の区別、女性の場合は民間勤務、公務員・私立学校勤務の期間によって、支給開始年齢が異なるので、注意が必要です。

〈支給開始年齢の特例〉

　特別支給の老齢厚生年金の支給開始年齢になったとき、次のいずれかに該当すると、報酬比例に加えて定額部分や一定の条件に該当していると加給年金が支給されます。

① 長期加入者の特例

　厚生年金保険の加入期間が44年以上の長期加入者の方(厚生年金保険に加入中の場合を除く)。

② 障害者の特例

　障害厚生年金の1級から3級に該当する障害の程度にあり、障害の状態であることを申し出た方(厚生年金保険加入中の場合を除く)。

　特例部分は請求をした翌月分から支給されますが、障害年金3級以上の受給権者は、平成26年4月から手続きが遅れても遡って受給できるようになりました。

5　60歳台前半の厚生年金の年金額は？

　厚生年金の年金額は、厚生年金の加入期間と生年月日、平均月収や賞与を元に計算されます。計算式は(次頁の図A・B・C)のとおりです。

60歳台前半（65歳未満）の老齢厚生年金の額

特別支給の老齢厚生年金の額＝ A 報酬比例部分 ＋ B 定額部分 ＋ C 加給年金額

A：報酬比例部分……厚生年金の加入期間と生年月日、報酬等によって、決まります。平成15年4月から総報酬制が導入されたので、以下の①＋②となります。

① 平成15年3月以前の加入期間
　　平均標準報酬月額　×　1000分の7.125　×　平成15年3月以前の加入期間の月数
② 平成15年4月以後の加入期間
　　平均標準報酬額　×　1000分の5.481　×　平成15年4月以後の加入期間の月数

※①・②とも、昭和21年4月1日以前に生まれた人については、給付乗率が異なります。

B：定額部分……厚生年金の加入期間と生年月日によって、決まります。
　　定額部分＝1,625円×1.000×厚生年金加入月数
　　※昭和21年4月1日以前に生まれた人については、給付乗率が異なります。
　　※加入月数の計算は、生年月日によって上限があります。

- 昭和 9年4月2日～昭和19年4月1日生まれ…444月（37年）
- 昭和19年4月2日～昭和20年4月1日生まれ…456月（38年）
- 昭和20年4月2日～昭和21年4月1日生まれ…468月（39年）
- 昭和21年4月2日生まれ以降……………………480月（40年）

C：加給年金額……厚生年金保険と共済組合等の被保険者期間を合わせて20年以上（中高齢の資格期間の特例〔男性40歳、女性・坑内員・船員35歳以降に15～19年〕）ある人が、
　① 65歳到達時点（定額部分が支給される人は定額部分が支給されるとき）で、
　② その人に生計を維持されている65歳未満の配偶者や18歳年度末までの子、または20歳未満で障害等級1・2級の子がいる時
に加算されます。
ただし、① 配偶者が加入期間20年以上の老齢（退職）年金を受けている時、
　　　　② 障害年金を受けている時、
配偶者の加給年金額は支給停止されます。

加給年金額

対象者	加給年金額	年齢制限
配偶者	22万4300円＋特別加算	65歳未満
1人目・2人目の子	22万4300円×人数	18歳年度末までの子、または20歳未満で障害等級1・2級の子
3人目以降の子	7万4800円×人数	

※老齢厚生年金を受け取っている人の生年月日に応じて、配偶者の加給年金額に3万3100円～16万5500円が特別加算されます。

振替加算とは？

※配偶者の老齢（障害）厚生年金に「加給年金額」が加算されている場合、その対象となっている人が65歳になると、加給年金額はもらえなくなります。
この時、加給年金の対象だった人が老齢基礎年金を受け取るときに、以下の条件をすべて満たした場合、老齢基礎年金に加算がつきます。これを「振替加算」と言います。

① ご本人が老齢基礎年金を受け取るとき（満65歳になった時）に、その人の配偶者が受け取っている年金の加給年金額の対象であること。
② ご本人の生年月日は、「大正15年4月2日～昭和41年4月1日」の間であること。
③ ご本人が老齢基礎年金の他に、老齢厚生年金や退職共済年金を受けている場合は、
厚生年金保険と共済組合等の加入期間の合計が20年（男性40歳（坑内員・船員、女性の場合は35歳）以降の厚生年金が、15～19年以上の特例含む）未満であること。

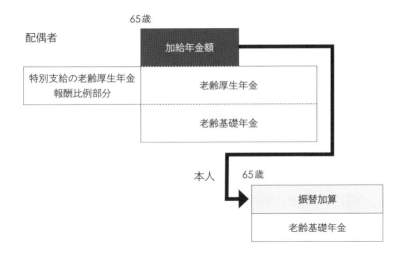

6　在職老齢年金とは？

　70歳未満で厚生年金に加入しながら働いている場合や、70歳以上で厚生年金のある会社で働いている場合は、老齢厚生年金の金額と給料やボーナスの額（総報酬月額相当額）に応じて、年金の一部または全部が支給停止になります。これを在職老齢年金と言います。

〈60歳台前半（65歳未満）の在職老齢年金の計算方法〉

基本月額

加給年金額を除いた特別支給の老齢厚生年金の月額
（日本年金機構と共済組合等から複数の老齢厚生年金（退職共済年金）がある場合にはすべての老齢厚生年金の額を合計したものの月額）

総報酬月額相当額

（その月の標準報酬月額）＋（その月以前1年間の標準賞与額の合計）÷12

① 全額支給
　基本月額と総報酬月額相当額の合計額が28万円以下のときは、年金は全額受給できます。
② 一部または全額支給停止
　基本月額＋総報酬月額相当額が28万円を超えるときは年金は減額になったり、全額支給停止になります。

65歳未満の在職老齢年金【支給される年金月額の計算式※】

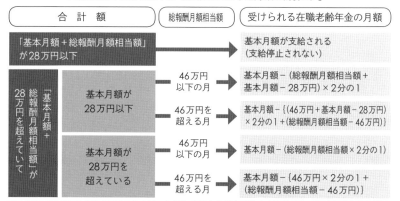

※支給停止額が基本月額を超えるときは、加給年金額も全額支給停止されます。

65歳未満の在職中の年金（在職老齢年金）の早見表

	基本月額（報酬比例部分＋定額部分）							
	*右欄の（ ）は年額	8万円（96万円）	10万円（120万円）	12万円（144万円）	14万円（168万円）	16万円（192万円）	18万円（216万円）	20万円（240万円）	22万円（264万円）
総報酬月額相当額	10万円	8万円	10万円	12万円	14万円	16万円	18万円	19万円	20万円
	15万円	8万円	10万円	12万円	13.5万円	14.5万円	15.5万円	16.5万円	17.5万円
	20万円	8万円	9万円	10万円	11万円	12万円	13万円	14万円	15万円
	25万円	5.5万円	6.5万円	7.5万円	8.5万円	9.5万円	10.5万円	11.5万円	12.5万円
	30万円	3万円	4万円	5万円	6万円	7万円	8万円	9万円	10万円
	34万円	1万円	2万円	3万円	4万円	5万円	6万円	7万円	8万円
	36万円	―	1万円	2万円	3万円	4万円	5万円	6万円	7万円
	38万円	―	―	1万円	2万円	3万円	4万円	5万円	6万円
	41万円	―	―	―	0.5万円	1.5万円	2.5万円	3.5万円	4.5万円
	44万円	―	―	―	―	―	1万円	2万円	3万円

第 2 章　年　金

〈65歳以降の在職老齢年金の計算方法〉

基本月額
　加給年金額を除いた老齢厚生年金（報酬比例部分）の月額

総報酬月額相当額
　（その月の標準報酬月額※）＋（その月以前1年間の標準賞与額※の合計）÷12
　※ 70歳以上の方は、厚生年金保険に加入しないため、標準報酬月額に相当する額、標準賞与額に相当する額となります。

　在職老齢年金は老齢厚生年金の報酬比例部分の年金額と総報酬月額相当額の合計額から算出します。
　報酬比例部分と総報酬月額相当額の合計が46万円以下（支給停止調整額）のときは全額支給されます。46万円（支給停止調整額）を超える場合、超える額の2分の1が報酬比例部分から支給停止されます。

※老齢厚生年金（報酬比例部分）が全額支給停止になるときは、加給年金額は支給停止になります。
※老齢基礎年金および経過的加算額は、全額支給されます。
※70歳以降は、厚生年金保険に加入しないので保険料の負担はありません。

65歳以降の在職中の年金（在職老齢年金）の早見表

		老齢厚生年金（月額）			
	＊右欄の （　）は年額	8万円 （96万円）	10万円 （120万円）	12.5万円 （150万円）	15万円 （180万円）
総報酬月額相当額	30万円	8万円	10万円	12.5万円	15万円
	36万円	8万円	10万円	11.25万円	12.5万円
	41万円	6.5万円	7.5万円	8.75万円	10万円
	50万円	2万円	3万円	4.25万円	5.5万円
	53万円	0.5万円	1.5万円	2.75万円	4万円
	56万円	—	—	1.25万円	2.5万円
	59万円	—	—	—	1万円
	62万円	—	—	—	—

7　雇用保険と老齢年金

・失業給付（基本手当）を受けるときは？

　雇用保険の失業給付（基本手当）と特別支給の老齢厚生年金は、同時に受け取れません。

　基本手当が支給されている間、65歳前の老齢厚生年金は支給停止になります。

・高年齢雇用継続給付を受けるときは？

　雇用保険の被保険者期間が5年以上ある60歳以上65歳未満の人が雇用保険に加入していて、60歳到達時の賃金が75％未満になったとき、「高年齢雇用継続給付」が支給されます。

　厚生年金の被保険者で高年齢雇用継続給付が支給されると、在職老齢年金による年金の支給停止に加えて（p.32）、年金の一部が支給停止されます。

（高田智子）

第2章　年金

Q7 年金の繰り上げ支給と繰り下げ支給とは何ですか？

1　繰り上げ支給とは？

　老齢基礎年金は、本来65歳から支給されますが、希望すれば60歳から65歳になるまでの間でも繰り上げて受けることができます。

　繰り上げて受給した場合、繰り上げ支給の請求をした時点に応じて年金が減額され、減額された年金を生涯受けることになります。年金は、請求をした日の翌月分から支給されます。

2　繰り上げの注意点

① 生涯減額された支給率で支給され、一度請求すると変更や取り消しはできません。
② 老齢基礎年金を繰り上げて請求した後は、障害の状態が重くなった場合など障害基礎年金を請求することができなくなります。
③ 遺族年金がもらえるようになっても、65歳まではどちらか一方の年金になります。
④ 寡婦年金は支給されません。
⑤ 任意加入や保険料を追納することはできなくなります。

昭和16年4月2日以降に生まれた人の繰り上げ受給の減額率（％）

請求時の年齢	0カ月	1カ月	2カ月	3カ月	4カ月	5カ月	6カ月	7カ月	8カ月	9カ月	10カ月	11カ月
60歳	30	29.5	29	28.5	28	27.5	27	26.5	26	25.5	25	24.5
61歳	24	23.5	23	22.5	22	21.5	21	20.5	20	19.5	19	18.5
62歳	18	17.5	17	16.5	16	15.5	15	14.5	14	13.5	13	12.5
63歳	12	11.5	11	10.5	10	9.5	9	8.5	8	7.5	7	6.5
64歳	6	5.5	5	4.5	4	3.5	3	2.5	2	1.5	1	0.5
65歳	0											

3　老齢厚生年金の繰り上げ受給とは？

① 昭和28年（女性は昭和33年）4月2日以降昭和36年（女性は昭和41年）4月1日までの間に生まれた人

　特別支給の老齢厚生年金は、p.28図のように、段階的に支給開始年齢が引き上げられ受給開始年齢になったときから支給されますが、希望すれば60歳から受給開始年齢の前月になるまでの間に繰り上げて老齢厚生年金（報酬比例部分）を受けることができます。

---
① 昭和28年4月2日〜昭和36年4月1日生まれの男性
　　昭和33年4月2日〜昭和41年4月1日生まれの女性
　・老齢基礎年金の受給資格を満たしていて、厚生年金の加入月数が<u>12月以上</u>ある人
　・国民年金の任意加入被保険者でないこと

昭和32年10月5日生まれ男性の場合
〈通常受給〉

H29.10	H32.10		H34.10	
60歳	63歳（本来の受給開始年齢）		65歳	
▼	▼		▼	
	特別支給の老齢厚生年金（報酬比例部分）		老齢厚生年金	
			老齢基礎年金	

　この間、老齢厚生年金の繰り上げ受給ができます。
　この間に繰り上げ受給をするときは、老齢厚生年金と老齢基礎年金を必ず同時に、繰り上げ受給しなければなりません。

◇繰り上げ受給した場合

　繰り上げ受給の老齢厚生年金の年金額は、本来の受給開始年齢で受け取る額から、繰り上げ請求日から本来の受給開始日までの月数ごとに0.5％減額されます。

H29.10	H32.10	H34.10
60歳	63歳（本来の受給開始年齢）	65歳
▼	▼	▼
繰り上げ受給の老齢厚生年金		
経過的加算額		
＋		
繰り上げ受給の老齢基礎年金		

・「繰り上げ受給の老齢厚生年金」は、本来の年金額から18％（36ヶ月×0.5％）減額されます。
・「繰り上げ受給の老齢基礎年金」は、本来の年金額から30％（60ヶ月×0.5％）減額されます。

② 昭和36年（女性は昭和41年）4月2日以降生まれた人

　　60歳から65歳までの間に老齢厚生年金を繰り上げて受けることができます。

> ② 昭和36年4月2日以降生まれの男性
> 　　昭和41年4月2日以降生まれの女性
> ・老齢基礎年金の受給資格を満たしていて、厚生年金の加入月数が<u>1月以上</u>ある人
> ・国民年金の任意加入被保険者でないこと

昭和36年4月17日生まれ男性の受給イメージ

〈通常受給〉

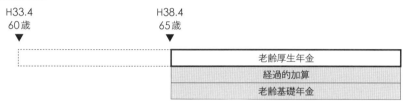

◇60歳から繰り上げ受給した場合

※老齢基礎年金、老齢厚生年金ともに繰り上げ請求日から本来の受給開始日までの月数ごとに0.5％減額されます。

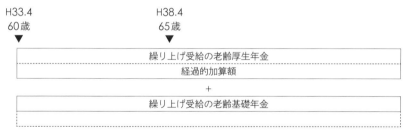

※60〜65歳になるまで、老齢厚生年金と老齢基礎年金の繰上げ受給をすることができます。
※老齢厚生年金と老齢基礎年金のどちらかだけを繰り上げ受給することはできません。
　必ず同時に繰上受給しないといけません。

4　繰り下げ受給とは？

① 65歳で請求せずに66歳以降70歳までの間で申し出た時から、老齢基礎年金・老齢厚生年金を繰り下げて請求できます。

② 繰り下げ率は、繰り下げの請求をした時点に応じて年金額が増額されます（下表）。
③ 年金は、請求をした日の翌月分から支給されます。
④ 老齢基礎年金・老齢厚生年金（日本年金機構と共済組合等、複数からの老齢厚生年金・共済年金を受け取ることができる場合は、同時に）は、両方とも同時に、または別々に繰り下げ支給ができます。

昭和16年4月2日以降に生まれた人の繰り下げ受給の増額率（%）

請求時の年齢	0カ月	1カ月	2カ月	3カ月	4カ月	5カ月	6カ月	7カ月	8カ月	9カ月	10カ月	11カ月
65歳	0	0	0	0	0	0	0	0	0	0	0	0
66歳	8.4	9.1	9.8	10.5	11.2	11.9	12.6	13.3	14	14.7	15.4	16.1
67歳	16.8	17.5	18.2	18.9	19.6	20.3	21	21.7	22.4	23.1	23.8	24.5
68歳	25.2	25.9	26.6	27.3	28	28.7	29.4	30.1	30.8	31.5	32.2	32.9
69歳	33.6	34.3	35	35.7	36.4	37.1	37.8	38.5	39.2	39.9	40.6	41.3
70歳	42											

5 繰り下げの注意点

① 老齢基礎年金の繰り上げをした人は、「老齢基礎年金の繰り下げ支給」はできません。
② 繰り下げできるのは、他年金（老齢厚生年金除く）の権利が発生するまでの間です。
③ 繰り下げ待機中に、他年金（遺族年金など）の受ける権利がある場合は、その時点で増額率が固定されます。
④ 振替加算（p.31参照）は増額の対象になりません。また繰り下げ待機期間（老齢基礎年金を受け取っていない期間）中は、振替加算を受けることができません。
⑤ 70歳に達した月を過ぎて繰り下げ請求を行っても増額率は増えません。70歳を過ぎて繰り下げ請求が遅れた場合、70歳に繰り下げの申出がなされたものとみなされ、その翌月分から支給されます。

なお、繰り下げ待機期間中は、繰り下げ受給をするか、65歳からの本来の老齢基礎（厚生）年金をさかのぼって受け取るか、いつでも選択すること

ができます。70歳到達月より後に65歳時にさかのぼって請求をすると、時効により年金が支払われない部分が発生します。必ず70歳到達月までに請求しましょう。

(高田智子)

社会保険労務士（社労士）とは？

　社会保険労務士は、社会保険（年金／健康保険）と労働問題の専門家で、社会保険労務士法に基づいた国家資格者です。企業における採用から退職までの「労働・社会保険に関する諸問題」や「年金の相談」など、業務の内容は広範囲にわたります。

ヒトに関する専門家

　企業の成長には、お金、モノ、ヒト（＝人材）が必要とされています。社労士はその中でもヒトに関する専門家です。社会保険（年金・健康保険）、労働保険（労災保険・雇用保険）、労働安全衛生、人事労務管理（雇用・人事・賃金・労働時間の相談、36協定や就業規則の作成・変更……）など、労務管理全般を支援します。

年金の専門家

　日本は「国民皆年金」として、原則全ての人が年金制度に加入しますが、年金は法改正が多く、とても複雑です。老後の生活を支える「老齢年金」以外に、「障害年金」や「遺族年金」、「離婚時の厚生年金の分割」など意外と知られていないものもあり、「知らなかった」「分からない」ために、本来受けられるはずの年金を受けられないことも多くあります。「公的年金に関する唯一の国家資格者」として、複雑な年金制度をわかりやすく説明し、年金受給等の事務手続きをお手伝いします。

裁判外紛争解決手続（ADR）代理業務（特定社会保険労務士と付記された者）

　労働者と経営者が争いになった時、ADRにおける代理人として、裁判によらない円満解決をサポートします。

(高田智子)

Q8 障害年金とは何ですか？

障害年金は、老齢年金、遺族年金と並ぶ公的年金です。

病気、ケガが原因で精神や身体に障害があるときに支給される年金で、働けなくなった時、心強い所得補償となりえる社会保障の一つです。しかしながら、知名度の低さから、その存在を知らなかったり、請求しようとしてもその難解さ、複雑さから断念されている方もおられます。

しかし障害が残った時に障害年金などを利用せず、生活のためにと無理をして仕事を続けて病状が悪化したり、借金をしたり、最悪の場合には死に至るケースがあります。

このような状況にならないよう、障害年金を広く知ってほしい、そして必要な方には無事にこの制度が利用できるようにと願ってやみません。

障害基礎年金と障害厚生年金

障害年金は大きく分けて障害基礎年金と、障害厚生年金の2種類があります。病気やけがで初めて病院を受診した日（初診日）に厚生年金に加入していた場合は障害厚生年金、それ以外の場合は障害基礎年金を請求することができます（年齢制限あり）。

・障害基礎年金

　初診日が国民年金の第1号被保険者・第3号被保険者、又は20歳前で厚生年金に加入していないときは障害基礎年金となります。

・障害厚生年金（障害共済年金）

　初診日が国民年金第2号被保険者（厚生年金または以前の共済年金加入期間中）であるときは、障害厚生年金となります。

障害基礎年金よりも障害厚生年金の方が金額や等級など、有利な制度となっています。少しでも身体に不調があれば、仕事を辞めてから受診するのではなく、できるだけ厚生年金加入期間中に受診をすることをおすすめします。

ではどうすれば障害年金を受給できるのでしょうか？　次のページからは、障害年金の受給方法を考えてみたいと思います。

（藤岡夕里子）

Q9 障害年金はどうすれば受給できるのですか？また年金額を教えてください

障害年金を受給するためには、要件が3つあります。

【障害年金　受給3要件】
1．初診日要件
2．保険料納付要件
3．障害認定日要件

この要件をすべて満たしたときに障害年金は受給できます。
逆に言えばどれだけ障害の状態がひどくても一つでも要件を満たせない場合には、障害年金は受給することができません。
それでは一つ一つ、障害年金の要件を詳しく見ていきましょう。

1　初診日要件

障害の原因となった病気・ケガが原因ではじめて病院を受診した日（誤診・原因不明を含みます）を初診日と言います。保険料納付要件（→2）や障害認定日（→3）はこの初診日を起点にして考えていくので、障害年金における初診日とは非常に重要な意味を持ちます（ほとんどの場合、初診日は65歳誕生日の前々日までになければなりません）。

そして、障害年金を受給するためには、この初診日が何年何月何日であったのかを証明しなければなりません。

一般的には、病院で初診日の証明を依頼します。この証明には年金機構の既定の書式（受診状況等証明書）があり、年金事務所・役所などで受け取ることができます。

しかし、証明を受けようとするころには、すでに最初の病院がなくなっていたり、カルテが廃棄されていたりして証明を取ることができず、初診日の証明ができないということで初診日要件を満たせず、申請すらできないことがあります。

2 保険料納付要件

　保険料納付要件は初診日の前日においてどれだけ保険料の滞納がなく、きちんと納付又は免除の申請などをしていたか、ということが問われます。

　会社で社会保険に加入し、厚生年金保険料を支払っている期間は基本的に納付として考えてください。またその配偶者として国民年金第3号被保険者となっている期間も同様です。しかし、国民年金第1号被保険者の期間はご自身で保険料を支払う必要がありますので、未納や免除、納付の計算をしっかり行う必要があります。

　では、どれだけ納付又は免除をしていたら要件を満たせるのでしょうか？

　これは、2つの要件があり、どちらかを満たしていれば保険料納付要件をクリアできます。

(1) 初診日のある月の前々月までの公的年金の加入期間の3分の2以上の期間について、保険料が納付または免除等がされていること（3分の1を超える保険料の未納がないこと）

　または

(2) 初診日において65歳未満であり、初診日のある月の前々月までの1年間に保険料の未納がないこと

　※20歳に達する日の前日までに初診日がある場合は、保険料納付要件は問われません。
　※初診日が60歳以降である場合は納付要件の考え方が異なる場合があるので、確認が必要です。

　保険料納付要件を満たしているかどうかは、払っているだろう、などと自分で判断せず、必ず役所や年金事務所等で確認するようにしてください。また、足りないからと初診日よりも後から保険料を支払っても障害年金の保険料納付要件を満たすことはできません。あくまで初診日の前日において判断されます。初診日以降に納付した初診日前の保険料は、障害年金の納付要件を見るうえでは納付したものとはみなされません。何かあったときの備えとして、国民年金の保険料は滞納のまま放っておかず、きちんと納付又は免除するようにしましょう。

3 障害認定日要件（障害状態要件）

障害認定日とは、原則初診日から1年6ヶ月後の日です（手足の切断や透析等、場合によっては1年6ヶ月を待たずに障害認定日となることもあります）。

そしてこの障害認定日の障害の状態が、法令で定める程度であることが、認定日要件です。

ただし、1年6ヶ月後の障害の状態が軽かった場合や当時の診断書が取得できない場合は、65歳誕生日の前々日までに事後重症請求という請求をすることができます（65歳の誕生日の前日以降は、原則事後重症請求はできません）。

法令で定められた障害の状態とは、以下の状態です。
・1級：日常生活の用を弁ずることを不能ならしめる程度
・2級：日常生活が著しい制限を受けるかまたは日常生活に著しい制限を加えることを必要とする程度
・3級（障害厚生年金のみ）：
　労働が著しい制限を受けるか又は労働に著しい制限を加えることを必要とする程度
・障害手当金※（一時金）（障害厚生年金のみ）：
　初診日から5年以内に「傷病が治ったもの」（症状固定したもの）であって、3級よりやや軽い程度
※障害手当金は治った日から5年以内に請求しなければなりません。

実際に障害の状態がどれくらいであるのかを詳細に調べるには、それぞれの部位により定められた障害認定基準が参考になります（「日本年金機構 障害認定基準」でウェブ検索）。

国年令別表・厚年令別表（p.46〜p.48）および障害認定基準を参考に、障害の状態が障害年金を受給できる程度なのか、また受給できるとしたら何級なのかなど、おおよその見当をつけることができます。

障害年金申請にあたっては、医師に年金用の診断書を依頼しなければなり

ません。この診断書は通常、病院にはなく、役所や年金事務所などで障害年金用の診断書を受け取り、診断書を依頼します。

　この診断書には、初診日・現症日等、色々な日付を入れる箇所があります。それぞれの日付は非常に重要で、日付が違うだけで申請することすらできないこともありますので、必ず各日付を年金事務所や役所の窓口などで確認するようにしてください（→ Q10）。また、診断書以外にも必要な添付書類がありますので、こちらも確認が必要です。

　すべての書類がそろったら役所や年金事務所で裁定請求を行います。これらの書類には有効期限があるものもありますので、確認の上、速やかに裁定請求を行ってください。

障害年金の金額（平成29年度価格）

　障害年金の金額は、等級・制度・加算対象者の有無によりさまざまです。
・障害基礎年金の額は定額（年額）
　1級　97万4125円＋子の加算
　2級　77万9300円＋子の加算

　　受給権者により生計を維持されている18歳到達年度末日までの子（又は障害等級2級以上の状態にある20歳未満の子）があるときは、一人につき22万4300円（3人目以降、7万4800円）が加算されます。
・障害厚生年金の年金額は、加入期間や報酬により計算（年額）
　　1級、2級の障害厚生年金には原則として障害基礎年金と配偶者・及び子の加算も併せて支給されます。

計算式
【1級】
（報酬比例の年金額）× 1.25 ＋〔配偶者の加給年金額（22万4300円）〕＋ 1級障害基礎年金額97万4125円＋子の加算
【2級】
（報酬比例の年金額）＋〔配偶者の加給年金額（22万4300円）〕＋ 2級障害基礎年金額77万9300円＋子の加算

【3級】
（報酬比例の年金額）※最低保障額　58万4500円
【障害手当金】（一時金）
（報酬比例の年金額）×2　※最低保証　116万9000円

報酬比例の年金額＝（平均標準報酬月額×1000分の7.125×平成15年3月以前の厚生年金加入期間の月数）＋（平均標準報酬額×1000分の5.481×平成15年4月以後の厚生年金加入期間の月数）
※加入期間の合計が300月に満たない場合、300月加入したものとみなして計算されます。

障害者特例
　60歳前半の老齢厚生年金（特別支給の老齢厚生年金）を受給している方には、障害者特例という制度が利用できる場合があります。これは障害年金とは異なり、初診日要件や納付要件が問われません。そのため障害の状態にあるが障害年金を受給できない時に障害者特例を利用することで年金額が増額になることがあります。場合によっては障害年金よりも障害者特例で老齢厚生年金を受給するほうがより高い受給額になることもあります。受給要件は、①厚生年金の被保険者でないこと、②障害認定日を過ぎていること、③障害等級の1級から3級に該当していることです（p.29②障害者の特例参照）。

特別障害給付金制度
　国民年金に任意加入していなかったがために保険料納付要件を満たせずに障害年金を受給できないという方がおられます。そのような不合理をなくすために福祉的措置として特別障害給付金制度が創設されました。
　対象は平成3年3月以前に国民年金の任意加入被保険者であった学生、または昭和61年3月以前に国民年金任意加入被保険者であった厚生年金被保険者の配偶者です。その期間に初診日があり、障害等級1・2級の障害状態にあれば特別障害給付金を請求することができます。（65歳誕生日の前々日までに請求）1級　月額5万1400円　2級　月額4万1120円（平成29年度価格）

（藤岡夕里子）

> **参考**

国民年金法施行令別表　厚生年金保険法施行令別表第1及び第2

施行令別表等
(1) 国民年金法施行令別表
（障害等級）
第4条の6　法第30条第2項に規定する障害等級の各級の障害の状態は、別表に定めるとおりとする。
別表（第4条の6関係）

障害の程度		障害の状態
1級	1	両眼の視力の和が0.04以下のもの
	2	両耳の聴力レベルが100デシベル以上のもの
	3	両上肢の機能に著しい障害を有するもの
	4	両上肢のすべての指を欠くもの
	5	両上肢のすべての指の機能に著しい障害を有するもの
	6	両下肢の機能に著しい障害を有するもの
	7	両下肢を足関節以上で欠くもの
	8	体幹の機能に座っていることができない程度又は立ちあがることができない程度の障害を有するもの
	9	前各号に掲げるもののほか、身体の機能の障害又は長期にわたる安静を必要とする病状が前各号と同程度以上と認められる状態であって、日常生活の用を弁ずることを不能ならしめる程度のもの
	10	精神の障害であって、前各号と同程度以上と認められる程度のもの
	11	身体の機能の障害若しくは病状又は精神の障害が重複する場合であって、その状態が前各号と同程度以上と認められる程度のもの
2級	1	両眼の視力の和が0.05以上0.08以下のもの
	2	両耳の聴力レベルが90デシベル以上のもの
	3	平衡機能に著しい障害を有するもの
	4	そしゃくの機能を欠くもの
	5	音声又は言語機能に著しい障害を有するもの
	6	両上肢のおや指及びひとさし指又は中指を欠くもの
	7	両上肢のおや指及びひとさし指又は中指の機能に著しい障害を有するもの
	8	一上肢の機能に著しい障害を有するもの
	9	一上肢のすべての指を欠くもの
	10	一上肢のすべての指の機能に著しい障害を有するもの
	11	両下肢のすべての指を欠くもの
	12	一下肢の機能に著しい障害を有するもの
	13	一下肢を足関節以上で欠くもの
	14	体幹の機能に歩くことができない程度の障害を有するもの
	15	前各号に掲げるもののほか、身体の機能の障害又は長期にわたる安静を必要とする病状が前各号と同程度以上と認められる状態であって、日常生活が著しい制限を受けるか、又は日常生活に著しい制限を加えることを必要とする程度のもの
	16	精神の障害であって、前各号と同程度以上と認められる程度のもの

	17	身体の機能の障害若しくは病状又は精神の障害が重複する場合であって、その状態が前各号と同程度以上と認められる程度のもの

備考　視力の測定は、万国式試視力表によるものとし、屈折異常があるものについては、矯正視力によって測定する。

(2) 厚生年金保険法施行令別表第1
（障害等級）
第3条の8　法第47条第2項に規定する障害等級の各級の障害の状態は、1級及び2級についてはそれぞれ国民年金法施行令（昭和34年政令第184号）別表に定める1級及び2級の障害の状態とし、3級については別表第1に定めるとおりとする。

別表第1（第3条の8関係）

障害の程度		障害の状態
3級	1	両眼の視力が0.1以下に減じたもの
	2	両耳の聴力が、40センチメートル以上では通常の話声を解することができない程度に減じたもの
	3	そしゃく又は言語の機能に相当程度の障害を残すもの
	4	脊柱の機能に著しい障害を残すもの
	5	一上肢の3大関節のうち、2関節の用を廃したもの
	6	一下肢の3大関節のうち、2関節の用を廃したもの
	7	長管状骨に偽関節を残し、運動機能に著しい障害を残すもの
	8	一上肢のおや指及びひとさし指を失ったもの又はおや指若しくはひとさし指を併せ一上肢の3指以上を失ったもの
	9	おや指及びひとさし指を併せ一上肢の4指の用を廃したもの
	10	一下肢をリスフラン関節以上で失ったもの
	11	両下肢の10趾の用を廃したもの
	12	前各号に掲げるもののほか、身体の機能に、労働が著しい制限を受けるか、又は労働に著しい制限を加えることを必要とする程度の障害を残すもの
	13	精神又は神経系統に、労働が著しい制限を受けるか、又は労働に著しい制限を加えることを必要とする程度の障害を残すもの
	14	傷病が治らないで、身体の機能又は精神若しくは神経系統に、労働が制限を受けるか、又は労働に制限を加えることを必要とする程度の障害を有するものであって、厚生労働大臣が定めるもの

備考
1　視力の測定は、万国式試視力表によるものとし、屈折異常があるものについては、矯正視力によって測定する。
2　指を失ったものとは、おや指は指節間関節、その他の指は近位指節間関節以上を失ったものをいう。
3　指の用を廃したものとは、指の末節の半分以上を失い、又は中手指節関節若しくは近位指節間関節（おや指にあっては指節間関節）に著しい運動障害を残すものをいう。
4　趾の用を廃したものとは、第1趾は末節の半分以上、その他の趾は遠位趾節間関節以上を失ったもの又は中足趾節関節若しくは近位趾節間関節（第1趾にあっては趾節間関節）に著しい運動障害を残すものをいう。

(3) 厚生年金保険法施行令別表第2〔障害手当金〕
（法第55条第1項に規定する政令で定める程度の障害の状態）
第3条の9　法第55条第1項に規定する政令で定める程度の障害の状態は、別表第2に定めるとおりとする。

別表第2（第3条の9関係）

障害の程度		障害の状態
障害手当金	1	両眼の視力が0.6以下に減じたもの
	2	1眼の視力が0.1以下に減じたもの
	3	両眼のまぶたに著しい欠損を残すもの
	4	両眼による視野が2分の1以上欠損したもの又は両眼の視野が10度以内のもの
	5	両眼の調節機能及び輻輳機能に著しい障害を残すもの
	6	1耳の聴力が、耳殻に接しなければ大声による話を解することができない程度に減じたもの
	7	そしゃく又は言語の機能に障害を残すもの
	8	鼻を欠損し、その機能に著しい障害を残すもの
	9	脊柱の機能に障害を残すもの
	10	一上肢の3大関節のうち、1関節に著しい機能障害を残すもの
	11	一下肢の3大関節のうち、1関節に著しい機能障害を残すもの
	12	一下肢を3センチメートル以上短縮したもの
	13	長管状骨に著しい転位変形を残すもの
	14	一上肢の2指以上を失ったもの
	15	一上肢のひとさし指を失ったもの
	16	一上肢の3指以上の用を廃したもの
	17	ひとさし指を併せ一上肢の2指の用を廃したもの
	18	一上肢のおや指の用を廃したもの
	19	一下肢の第1趾又は他の4趾以上を失ったもの
	20	一下肢の5趾の用を廃したもの
	21	前各号に掲げるもののほか、身体の機能に、労働が制限を受けるか、又は労働に制限を加えることを必要とする程度の障害を残すもの
	22	精神又は神経系統に、労働が制限を受けるか、又は労働に制限を加えることを必要とする程度の障害を残すもの

備考
1　視力の測定は、万国式試視力表によるものとし、屈折異常があるものについては、矯正視力によって測定する。
2　指を失ったものとは、おや指は指節間関節、その他の指は近位指節間関節以上を失ったものをいう。
3　指の用を廃したものとは、指の末節の半分以上を失い、又は中手指節関節若しくは近位指節間関節（おや指にあっては指節間関節）に著しい運動障害を残すものをいう。
4　趾を失ったものとは、その全部を失ったものをいう。
5　趾の用を廃したものとは、第1趾を末節の半分以上、その他の趾は遠位趾節間関節以上を失ったもの又は中足趾節関節若しくは近位趾節間関節（第1趾にあっては趾節間関節）に著しい運動障害を残すものをいう。

Q10 障害年金の請求方法はどんなものがありますか？

1 障害年金の請求方法

認定日請求（本来請求）、事後重症請求、そしてこれを組み合わせたものを遡及請求といいます。

2 認定日請求とは？

障害認定日（原則初診日から1年6ヶ月後）の翌月分からの受給を請求する請求方法です。認定日から3ヶ月以内の診断書を取得し、認定日から1年以内に請求します。もし1年を超えた場合は、直近の障害状態を記した診断書も同時に提出する必要があります。

3 事後重症請求とは？

認定日請求には障害等級に該当するほどの障害状態でなかった場合や認定日の診断書が取得できない場合などに、認定日より後に請求する方法です。
これは65歳の誕生日の前々日までに請求しなければなりません。
また、この事後重症請求の診断書の有効期限は3ヶ月です。

4 遡及請求とは？

認定日請求と事後重症請求を同時に行うことを遡及請求といいます。
認定日までさかのぼって請求できるのですが、時効により5年以上前の年金受給権は消滅し、受給できるのは請求日前5年分のみとなります。
それぞれの請求に必要な診断書の取得の仕方は次頁になります。

障害年金の3要件がさまざまな事情で満たせなかったり、年齢による制限、その他さまざまな理由で請求できなかったり、不支給となることがあります。
しかし、ここに記載したことはあくまでも原則であり、それぞれの要件に、例外・特例・独自の考え方があります。これらを専門家に相談し、最大限活

診断書取得の時期

認定日請求（認定されれば認定日の翌月から支給）

事後重症請求（認定されれば請求日の翌月から支給）

認定日から1年以上たった後の認定日請求
（いわゆる遡及請求。認定されれば、認定された月の翌月から支給3ヶ月）

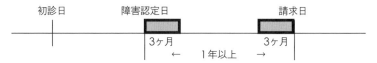

20歳前認定日請求（認定されれば20歳誕生日の前日の翌月から支給）

※初診日の病院と診断書記載の病院が異なる場合、初診日の証明（受診状況等証明書）が必要

用することで、不支給となった人が受給できるようになったり、受給額が大きく変わることも珍しくありません。

　現在の障害年金の請求は非常に難解なものとなっているがゆえに、よりよい請求ができるよう障害年金を得意とする社会保険労務士など専門家に相談することも選択肢の一つとして検討してください。

※社会保険労務士の中でも、障害年金を得意とする社会保険労務士は数が少ない上に、病歴など多くの情報を話さなければならないため、相性が非常に大切です。また報酬も高額となることがあるため、契約する時には必ず書面にて条件を確認し、契約書をかわすなど、納得の上、依頼するようにしてください。

（藤岡夕里子）

Q11 遺族年金とは何ですか？

　誰しも生涯を終えるときがやってきます。もしも（死亡）の時に、遺族がもらえる年金を遺族年金と言います。遺族年金の受給資格は、亡くなった方の年金加入歴で判断します。

・国民年金には、遺族基礎年金・寡婦年金・死亡一時金があります。

1　遺族基礎年金とは？

　次のA～Dのいずれかに該当した場合、死亡した人に生計を維持されていた「子のある配偶者」または「子」に支給されます。
A　国民年金の被保険者（第1号～第3号被保険者）が死亡したとき
B　国民年金の被保険者であった60歳以上65歳未満の人で、日本国内に住所がある人が死亡したとき
C　平成29年7月までに老齢基礎年金の受給権者であった人が死亡したとき
D　保険料納付済期間、保険料免除期間および合算対象期間を合算した期間が25年以上ある人が死亡したとき
　※A・Bの場合は、死亡月の前々月まで保険料を納めた期間と免除された期間が、保険料を納めなければならない全期間の3分の2以上あることが条件です。ただし、平成38年3月31日までの65歳未満の死亡においては、死亡月の前々月まで直近1年間に未納期間がなければ要件を満たします。Dの場合は、原則25年以上の加入期間が必要です。老齢の年金は受給資格が10年に短縮されましたが、遺族年金については受給資格は短縮されません。
※子の遺族基礎年金は、生計同一の父または母がいるときは、支給停止になります。
※子だけが受けることができる場合、年金額を子の人数で等分した額がそれぞれの子に支給されます。
　なお、子とは次の者に限ります。
①　18歳の年度末（3月31日）まで
②　20歳未満で障害年金の障害等級1級・2級の状態にある場合
　①・②ともいずれも婚姻していない子を言います。また、夫が死亡当時、胎児であった子が生まれたときは、出生した日に権利が発生し、翌月分から支給されます。

2 遺族基礎年金の額は？

77万9300円＋子の加算となります。

子の加算の額

対象者	加給年金額	年齢制限
1人目・2人目の子	224,300円×人数	18歳年度末までの子、または障害等級1・2級で20歳未満の子
3人目以降の子	74,800円×人数	

3 寡婦年金とは？

寡婦年金は、以下の要件を満たした夫が死亡したときに、妻が60歳から65歳まで支給されます。
① 国民年金の第1号被保険者として保険料を納めた期間（免除期間を含み学生納付特例・納付猶予期間除く）が10年以上あるとき
② 死亡前に婚姻関係（内縁でもよい）が10年以上続いていたこと
③ 夫が障害基礎年金の受給権がないこと
④ 夫が老齢基礎年金をもらっていないこと
⑤ 妻が老齢基礎年金を繰上げ受給していないこと
※妻が他の年金を受給している時は、選択になります。
※寡婦年金と死亡一時金の両方を受給できるときは、どちらかの選択になります。

4 寡婦年金の額は？

夫の死亡日前日までの第1号被保険者（任意加入被保険者期間を含む）から計算した老齢基礎年金の4分の3が支給されます。

5 死亡一時金とは？

死亡一時金は、国民年金の第1号被保険者として保険料を3年（36月）以上納めた人が、老齢基礎年金・障害基礎年金をもらわずに死亡したときに支給されます。
① 死亡一時金が支給される遺族とは、亡くなった方の配偶者、子、父母、

孫、祖父母、兄弟姉妹の順で、死亡時に生計を同じくしていた方となります。
② 遺族基礎年金をもらえる遺族がいる場合は、支給されません。
③ 死亡一時金は、死亡日の翌日から2年を経過すると、請求することができません。

6 死亡一時金の額は？

死亡一時金の額は、保険料を納めた月数に応じて12万円～32万円です。
死亡した月の前月までに付加保険料を36月以上納めていると、8500円加算されます。

保険料納付済月額	支給額
36月以上180月未満	120,000円
180月以上240月未満	145,000円
240月以上300月未満	170,000円
300月以上360月未満	220,000円
360月以上420月未満	270,000円
420月以上	320,000円

※保険料免除期間の月数は、保険料を納付した割合に応じて計算されます。

免除の種類	月数
4分の1免除	3/4月
半額免許	1/2月
4分の3免除	1/4月
全額免除	ゼロ

7 遺族厚生年金は、どんな時にもらえる？

① 厚生年金加入中（在職中）の死亡
② 病気退職後（初診日から5年以内にその傷病が原因で死亡した時）の死亡
③ 障害厚生（共済）年金（1・2級）をもらっている人が死亡したとき（3級の障害厚生（共済）年金をもらっている人が同一傷病で死亡したとき）
④ 平成29年7月までに老齢厚生年金の受給権者であった人が死亡したとき
⑤ 保険料納付済期間、保険料免除期間および合算対象期間を合算した期間が25年以上ある人が死亡したとき

※①・②の場合は、死亡月の前々月まで保険料を納めた期間と免除された期間が、保険料を納めなければならない全期間の3分の2以上あることが条件です。ただし、平成38年3月31日までの65歳未満の死亡においては、死亡月の前々月まで直近1年間に未納期間がなければ要件を満たします。

8　遺族厚生年金の支給順位

遺族厚生年金を受け取ることができる遺族

高　優先順位　低

① 配偶者・子	※子、孫は、18歳年度末（障害等級1・2級は20歳未満）まで
② 父母	※夫・父母・祖父母は亡くなった時に55歳以上（支給は60歳から。ただし、夫は遺族基礎年金を受給中の場合に限って、60歳より前でも遺族厚生年金を併せて受け取ることができます）。
③ 孫	※配偶者は内縁でも、OK
④ 祖父母	※子がいない30歳未満の妻は、5年間で打ち切られます。
	※「子のある妻」または「子のある55歳以上の夫」が遺族年金を受け取っている間は、子に遺族年金は支給されません。

9　遺族厚生年金の額は？

　老齢厚生年金の報酬比例部分の4分の3となります。
　なお、7の支給要件の①～③で、加入月数が25年（300月）に満たない時は、25年（300月）加入したものとして、計算します。

遺族厚生年金の額

老齢厚生年金の報酬比例部分　×　4分の3

＝　（①＋②）×　4分の3

① 平成15年3月以前の加入期間
　　平均標準報酬月額　×　1000分の7.125　×　平成15年3月以前の加入期間の月数
② 平成15年4月以後の加入期間
　　平均標準報酬額　×　1000分の5.481　×　平成15年4月以後の加入期間の月数

※ p.53の④に該当する場合、昭和21年4月1日以前に生まれた人については、給付乗率が異なります。
　p.53の①～③で、加入月数が25年（300月）に満たない時は、25年（300月）加入したものとして、計算します。

10　中高齢寡婦加算とは？

次のいずれかに該当したとき、妻が受け取る遺族厚生年金には、40歳から65歳まで、中高齢寡婦加算が加算されます。

① 夫が死亡したときに、妻が40歳以上65歳未満で、生計を同じくする18歳の年度末までの子または20歳未満で障害等級1・2級の子がいないとき
② 遺族厚生年金と遺族基礎年金を受け取っていた「子のある妻」が、子が18歳年度末（20歳未満で障害等級1・2級）になり、遺族基礎年金を受けることができなくなった時点で、40歳以上65歳未満であるとき

11　中高齢寡婦加算の額は

58万4500円（平成29年度価額）です。

12　老齢厚生年金を受けることができる方が遺族厚生年金を受給する場合

平成19年4月から、65歳（昭和17年4月2日以降生まれ）以上で、老齢厚生年金と遺族厚生年金を受ける権利がある人は、ご自身の老齢厚生年金が掛け捨てにならないよう、老齢厚生年金は全額支給した上で、遺族厚生年金を老齢厚生年金に相当する額の支給が停止（遺族厚生年金は老齢厚生年金との差額を支給）となります。日本年金機構と共済組合等、複数からの遺族年金を受け取ることができる場合は、それぞれの年金額に応じて年金額が支給停止されます。

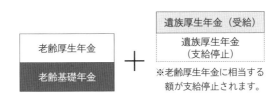

（高田智子）

Q12　国民年金の連帯納付義務規定とは何ですか？

Q1　連帯納付義務規定とは何ですか？
　国民年金法では88条3項で、夫婦における配偶者の一方が他方の国民年金保険料を連帯して納付する義務を負う旨定めています。
　国民年金法88条3項に基づけば、例えば妻が自分の国民年金保険料を納めていても、夫が未納の場合は、夫の未納の保険料を徴収するため、妻名義の預貯金が差押えられるという事態が生じうることになります。

Q2　私は、妻とはまだ離婚していませんが、別居してかれこれ10年以上がたっています。私たちは互いに連絡を取り合うこともなく、そのため、私は妻が今どこに住んでいるかわかりません。私たち夫婦のような間柄の場合にも、連帯納付義務が生じるのでしょうか？
　国民年金法88条3項の規定ぶりは形式的に婚姻関係にあるかどうかで連帯納付義務の有無を判断するものとなっています。また、88条3項がどのように解釈されるべきかという点について、通達はありません。
　しかし、ご質問のように、別居して長期間共同生活の実体がない場合には、連帯納付義務を負わない期間を認定するという運用になっています。もっとも、連帯納付義務を負わない期間を認定するにあたっては、共同生活の実体がないことを裏付ける書面が必要です。
　ご質問のような場合、別居した配偶者が住民票を別居先に移転しているときには、連帯納付義務規定を負わない期間が認定される可能性があります。

Q3　私は1年ほど前、夫と夫の浮気について喧嘩になり、その結果、夫は何も言わずに家を出て行ってしまいました。今夫がどこにいるのかわかりませんし、調べる気もありません。私が、夫の未納の国民年金保険料を納めなくてはならないなんて納得いきません。連帯納付義務規定を私たちのような夫婦にも適用するのは違法だといえませんか？
　婚姻関係が破たんしている夫婦に対して連帯納付義務規定を適用しないよ

う主張する方法として、連帯納付義務規定が憲法に違反した無効な法律であると主張する方法があります。

ただし、現時点では、このような主張が認められる可能性は低いと思われます。介護保険法における配偶者の連帯納付義務が憲法24条に違反しないかどうか争われた事例（札幌高等裁判所平成14年11月28日判決）がありますが、判決では同連帯納付義務規定が憲法24条に違反しないと判断されました。

このため、たとえ婚姻関係が破たんしている夫婦であっても、納付義務自体存在しないはずだ、と主張して争うことは難しそうです。

Q4　私は2年前、それまで何十年も勤めていた会社をリストラされました。リストラを機に妻と子どもは家を出て行ってしまい、以来、妻や子どもから何も連絡がない状態です。また、妻や子どもは住民票を移していません。失業後、私は、失業保険を受給し、アルバイトをするなどしてなんとか生活してきました。ようやっと1年前、私はなんとか就職先を見つけましたが、現在の収入は年250万円もありません。妻の未納の保険料を支払ったら私は生活に困ってしまいます。私は妻の未納の保険料を強制的に徴収されてしまうのでしょうか。

夫婦の一方について国民年金保険料の未納が見つかった場合、①催告、②督促状の送付、③差押予告通知、④差押えのステップを踏むことになると予測されます。このうち、②以降のステップは強制的に国民年金保険料を徴収するためのステップです。ですから、督促状が送付されてきたら、それは日本年金機構からの「本気で未納の保険料を徴収します」というメッセージだと考えてください。

ただ、未納だったら何でもかんでも強制徴収のステップに入るのか、というとそういうわけではありません。強制的に保険料を徴収すれば、納付義務者の生活を破壊するおそれがあるので、強制徴収のステップに入るかどうかについては納付義務者の所得を基準として判断されます。

日本年金機構が発表した平成29年7月5日付「『国民年金保険料強制徴収集中取組期間』の結果について」によれば、平成29年度においては、控除後所得300万円以上かつ未納月数13月以上の滞納者について督促状を送付すると

発表されています。

　そのため、質問者の方のように年の収入が250万円を下回るような方の場合、少なくとも2017年度においては強制徴収が行われることはないことになります。

Q5　私の夫は、4年前、家出をしてしまい、現在、夫がどこで何をしているのか皆目見当がつきません。私は、自宅の1階で美容室を経営していて、以前は、年収は400万円程ありました。しかし、昨年の熊本大震災で美容室が入っていたビルが倒壊してしまったため、現在は事実上廃業状態にあり、実家に身を寄せて生活をしています。未成年の子どもが二人いて、二人を養っていかなくてはなりません。こういった場合でも、夫の未納の保険料を納めなければならないのでしょうか？

　国民年金保険料を経済的な理由で納付できない方のために、国民年金保険料の免除・猶予の制度が設けられています。

　国民年金保険料の免除・猶予は原則として、前年の収入を基準としてその可否が判断されます。質問者の方の場合には、前年の収入が127万円以内であれば、全額免除されます。

（岡澤史人）

第3章 雇用・労働

Q13 雇用保険とは何ですか？

1 雇用保険とは

雇用保険は、
① 労働者が失業した場合、高齢・育児・介護など雇用の継続が困難となる事由が生じた場合、自ら職業訓練を受ける場合に必要な給付を行い、労働者の生活や雇用の安定を図る
② 失業の予防、雇用の安定、能力開発のための事業を行い、労働者の雇用の安定を図る
ことを目的とした雇用に関する総合的な機能を持つ保険制度です（雇用保険法第1条）。労働者を雇用する事業所は、雇用保険に加入しなければなりません。手続きの窓口は、ハローワーク（公共職業安定所）です。

2 被保険者

1週間の所定労働時間が20時間以上で、31日以上の雇用が見込まれる労働者は、原則として雇用保険の被保険者となります。2017年1月1日より、65歳以上の方も雇用保険の適用対象となります。

3 保険料

　保険料は、労働者（被保険者）と事業主がそれぞれ負担します。2017年度の一般の事業の保険料率は、賃金総額の0.9％で、労働者が0.3％、事業主が0.6％を負担することになっています。

（小野順子）

精神保健福祉士（PSW）の お仕事ってなぁに？

　ソーシャルワーカーの中には精神保健福祉士という資格を持った人がいます。社会福祉士と同じく社会福祉学を基礎にした、ソーシャルワーカーの国家資格なのですが、社会福祉士とはいったい何が違うのでしょう？

　主に対象が違います。その名にもあるとおり、精神障害のある人を主に対象とします（精神障害とは、うつ病などの気分障害や統合失調症といった精神疾患が、長期間にわたって存在し、生活のしづらさが生じた状態をいいます。最近では自閉症スペクトラム障害やADHDといった、いわゆる発達障害がある人も、多く対象に含まれるようになってきました）。

　精神障害は、状態が固定した障害とは異なり、疾患でもあることから病状の変化を伴います。病状の変化は生活のしづらさの変化につながります。例えば家事援助等のサービスを利用している人なら、病状悪化すれば必要なサービスの量が増加したり、別のサービスを必要になる場合もあるでしょう。

　精神科医療機関に勤務する精神保健福祉士は、入院中の対象者と一緒に退院後の生活を考えながら、必要な社会保障制度や社会福祉サービスの利用をお手伝いします。また、退院された後も、訪問や面接、時には関係機関からの連絡等の方法で生活状況を確認し、生活の困りごとや病状悪化を早期に察知し、医師に報告するなどして、その人らしい生活が送れるようお手伝いをしています。

（山田孟志）

第3章　雇用・労働

Q14　雇用保険の失業等給付とは、どんな内容で、どういう場合に受けられるのですか？

　労働者が失業した場合や、高齢・育児・介護などの場面で、どのような給付が受けられるかについては、p.65の図のとおりです。
　この中で、特に給付を受ける頻度が高いと思われるものについて解説します。

1　求職者給付（失業した時）

① 基本手当

　一般被保険者が失業し、労働の意思及び能力があるにも関わらず職業に就くことができない場合、原則として離職の日以前2年間のうち、1ヶ月の賃金支払日数が11日以上ある月が12ヶ月以上あるときに支給されます。ただし、倒産・解雇・雇い止めなど会社都合による退職等の場合は、離職の日以前1年間のうち、1ヶ月の賃金支払日数が11日以上ある月が6ヶ月以上あったときにも支給されます。

　基本手当の額は、離職日以前6ヶ月の賃金日額の50〜80％（60歳〜64歳については45〜80％）となっており、賃金の低い方ほど高い率となっています。

　基本手当の支給を受けることができる日数（所定給付日数）は、離職の日における年齢、雇用保険の被保険者であった期間及び離職の理由などによって決定され、90日〜360日の間でそれぞれ、以下のように決定されます。

基本手当の給付日数〔所定給付日数〕

〈定年、契約期間満了や自己都合退職の方〉

区分＼被保険者であった期間	10年未満	10年以上20年未満	20年以上
65歳未満	90日	120日	150日

〈障害者等の就職困難者〉

区分＼被保険者であった期間	1年未満	1年以上
45歳未満	150日	300日
45歳以上65歳未満	150日	360日

〈倒産、解雇など会社都合、雇い止めなどの特定受給資格者、一部の特定理由離職者〉

区分 \ 被保険者であった期間	1年未満	1年以上5年未満	5年以上10年未満	10年以上20年未満	20年以上
30歳未満	90日	90日	120日	180日	―
30歳以上35歳未満	90日	90日	180日	210日	240日
35歳以上45歳未満	90日	90日	180日	240日	270日
45歳以上60歳未満	90日	180日	240日	270日	330日
60歳以上65歳未満	90日	150日	180日	210日	240日

　受給期間は、原則として、離職した日の翌日から1年間（所定給付日数330日の方は1年と30日、360日の方は1年と60日）ですが、病気、けが、妊娠、出産、育児等の理由により引き続き30日以上働くことができなくなったときは、受給期間を延長できる場合もあります。

【特定受給資格者、特定理由離職者とは】
　特定受給資格者とは、倒産・解雇等の理由により再就職の準備をする時間的余裕なく離職を余儀なくされた人のことを言い、特定理由離職者とは、特定受給資格者以外の者で期間の定めのある労働契約が更新されなかったこと、その他やむを得ない理由により離職した人のことをいいます。

◆特定受給資格者・特定理由離職者の例
　これらは一部ですので、詳細はハローワークで確認してください。Web上の「ハローワークインターネットサービス」でも見ることができます。

特定受給資格者の例

- ・倒産等に伴い離職した者
- ・解雇（自己の責めに帰すべき重大な理由による解雇を除く）により離職した者
- ・賃金の一定以上の未払い・低下があったために離職した者
- ・有期労働契約の更新により3年以上引き続き雇用されるに至った場合において当該労働契約が更新されないこととなったことにより離職した者
- ・上司、同僚等からの故意の排斥又は著しい冷遇若しくは嫌がらせを受けたことによって離職した者

特定理由離職者の例

- 期間の定めのある労働契約の期間が満了し、かつ、当該労働契約の更新がないことにより離職した者（特定受給資格者に該当する場合を除く）
- 以下のような正当な理由のある自己都合により離職した者
  ◇体力の不足、心身の障害、疾病により離職した者
  ◇妊娠、出産、育児等により離職し、雇用保険法第20条第1項の受給期間延長措置を受けた者
  ◇親族の死亡・疾病等、家庭の事情が急変したことにより離職した者
  ◇一定の理由（結婚に伴う住所の変更、事業所の移転、配偶者の転勤等）により通勤が不可能又は困難となったことにより離職した者

② 高年齢求職者給付金

65歳以上の被保険者が失業した場合、離職の日以前1年間に11日以上出勤した月が通算6ヶ月以上あると、一時金として支給されます。

被保険者であった期間	1年未満	1年以上
高年齢求職者給付金の額	基本手当日額の30日分	基本手当日額の50日分

2 就職促進給付

基本手当の受給資格者が早期に就職された場合、再就職後に受けることができる給付に、以下のようなものがあります。

給付の名前	どんな時に支給されるか	給付の額
再就職手当	基本手当の受給資格がある方が基本手当の支給残日数（就職日の前日までの失業の認定を受けた後の残りの日数）が所定給付日数の3分の1以上残して、安定した職業に就いた場合に支給。	基本手当の支給残日数が ・所定給付日数の3分の2以上→支給残日数×基本手当日額×70％（離職日が平成29年1月1日前は60％） ・所定給付日数の3分の1以上→支給残日数×基本手当日額×60％（離職日が平成29年1月1日前は50％）
就業促進定着手当	再就職手当の支給を受けた人が、引き続きその再就職先で6ヶ月以上雇用され、かつ再就職先で6ヶ月の間に支払われた賃金の1日分の額が雇用保険の給付を受ける離職前の賃金の1日分の額（賃金日額）に比べて低下している場合に支給。	（離職前の賃金日額－再就職の6ヶ月間の賃金日額）×再就職の日から6ヶ月間内の賃金の支払基礎となった日数 ※上限があります。

就業手当	基本手当の受給資格がある方が再就職手当の支給対象とならない常用雇用等以外の形態で就業した場合、基本手当の支給残日数が所定給付日数の3分の1以上かつ45日以上あり一定の要件に該当する場合に支給。	基本手当日額×30％×就業日 ※上限額の適用あり。離職理由について給付制限を受けた場合は、待期満了後1ヶ月を経過するまでは、ハローワーク等の紹介により就職した者に限ります。
常用就職支度手当	基本手当の受給資格がある方(基本手当の支給残日数が所定給付日数の3分の1未満である方に限ります)、高年齢受給資格者、特例受給資格者又は日雇受給資格者のうち、障害のある方など就職が困難な方が安定した職業に就いた場合に、一定の要件に該当すると支給。	90（原則として基本手当の支給残日数が90日未満である場合には、支給残日数に相当する数（その数が45を下回る場合は45））×40％×基本手当日額（※一定の上限あり）

3 教育訓練給付

受講開始日までに一定の要件を満たす者が厚生労働大臣の指定する教育訓練を受講し修了した場合に、教育訓練経費の一部が支給されます。

教育訓練給付の種類	受講開始までの被保険者期間	給付額
一般教育訓練給付	通算3年以上 ※初めて受けようとする方は、当分の間1年以上。	訓練経費の20％ （上限10万円・下限4000円）
専門実践教育訓練給付	10年以上 ※初めて受けようとする方は、当分の間2年以上。	訓練経費の40％ ※1年間で32万円を超える場合32万円（訓練期間は最大で3年間となるため、最大で96万円が上限）下限4000円。

上記以外にも、高年齢雇用継続給付、育児休業給付、介護休業給付などがあり、雇用保険の給付の種類・要件などは、多岐にわたります。

「知らない」「わからなかった」ためにもらえなかったということがないように、わからないことは、ハローワーク、社会保険労務士、弁護士等にも相談しましょう。

(小野順子)

〈失業等給付〉

			給付の名称	どんなときに支給されるか
失業等給付	求職者給付（失業したとき）	一般被保険者に対する求職者給付	基本手当	一般被保険者であった者が失業し、職業に就くことができない場合に支給。
			技能修得手当	受給資格者が公共職業訓練等を受ける場合、訓練中の期間に支給。
			受講手当	＊公共職業訓練等を受けた日について支給。
			通所手当	＊交通機関等を利用して公共職業訓練等に通所する者について支給。
			寄宿手当	受給資格者が公共職業訓練等を受けるために、家族と別居して寄宿する場合、その寄宿期間について支給
			傷病手当	求職の申し込み後、傷病により15日以上職業につくことができない場合、所定給付日数を限度として基本手当日額を支給。
		高年齢被保険者に対する求職者給付	高年齢求職者給付金	65歳以上の被保険者が失業し、職業に就くことができない場合に支給。被保険者であった期間1年未満…30日分、1年以上…50日分の一時金として支給。
		短期雇用特例被保険者に対する求職者給付	特例一時金	季節的に雇用される者が失業し、職業に就くことができない場合に支給。基本手当日額の30日分（当分の間40日分）が一時金として支給。
		日雇労働被保険者に対する求職者給付	日雇労働求職者給付金	日雇労働者が失業し、職業に就くことができない場合、失業した月前2ヶ月間に通算して26日以上の雇用保険印紙が貼付されていると、13〜17日分支給。
	就職促進給付	就業促進手当　基本手当の所定給付日数を一定以上残して、再就職した場合に支給。	再就職者手当	支給残日数（就職日の前日までの失業の認定を受けた後の残りの日数）が所定給付日数の3分の1以上残して、安定した職業に就いた場合に支給。
			就業促進定着手当	再就職先で6ヶ月以上雇用され、6ヶ月の間に支払われた賃金日額が離職前の賃金の賃金日に比べて低下している場合に支給。
			就業手当	基本手当の受給資格がある方が、再就職手当の支給対象とならない常用雇用等以外の形態で就業した場合に支給。
			常用就職支度手当	基本手当の受給資格がある方、高年齢受給資格者、特例受給資格者又は日雇受給資格者のうち、障害のある方など就職が困難な方が安定した職業に就いた場合に支給。
			移転費	受給資格者が公共職業安定所の紹介により就職や指示された公共職業訓練などを受けるために、住所・居所を変更する場合に支給。
			求職活動支援費	受給資格者等が公共職業安定所の紹介により、広範囲の地域で求職活動をするときに、交通費等を支給。
	教育訓練給付		教育訓練給付金	厚生労働大臣が指定する教育訓練を受講し終了した場合、受講費の一定割合に相当する額を支給。
	雇用継続給付	高年齢雇用継続給付　60歳以上65歳未満の一般被保険者が60歳時点より賃金が賃金が75％未満に下がった場合に支給	高年齢雇用継続基本給付金	失業給付を受給しないで雇用を継続する場合に支給。
			高年齢再就職給付金	失業給付を受給中に、再就職した場合に支給。
		育児休業給付	育児休業給付金	原則1歳未満の子を養育するために、育児休業を取得する者に支給。
		介護休業給付	介護休業給付金	家族の介護のために休業した場合に、支給。

| Q15 | 失業した場合の健康保険と年金はどうなりますか？ |

1 健康保険

(1) 国民健康保険への加入、または任意継続

　組合健保（健康保険組合）か協会けんぽ（全国健康保険協会）に加入していた場合は、被保険者の資格は、あなたが退職した日の翌日に消滅します（健康保険法36条2項）。

　したがって、失業した場合は、速やかに市区町村役場へ行って、国民健康保険（国保）に加入する手続きをすることが必要です。

　もっとも、資格喪失後も2年間に限り、「任意継続被保険者」として組合健保または協会けんぽを利用することも可能です。ただし、その場合は、事業主が負担していた保険料も支払わなければなりませんので、保険料は高額になります。また、任意継続をしても、任意継続中の疾病や傷病、出産について、傷病手当金や出産手当金を受けることはできませんので、その点にも注意が必要です。

(2) 国民健康保険における減免・軽減・徴収猶予の制度

　失業等によって所得が大幅に減少した場合、国民健康保険料（税）の減免が受けられることがあります（国民健康保険法77条）。

　また、倒産、解雇、雇い止めなど非自発的理由で離職し雇用保険の求職者給付の受給資格を有する場合は、一定期間、前年度の所得を実際の所得の100分の30とみなして保険料を計算する軽減制度もあります（国民健康保険法施行令29条の7の2）。

　さらに、医療機関にかかった時の治療費の一部負担金についても、失業によって著しく収入が減少したときは、減免や徴収猶予が認められる可能性があります（国民健康保険法44条、平成22年9月13日付け保発0913第2号「一部負担金の徴収猶予及び減免並びに療養取扱機関の一部負担金の取扱いについての一部改正について」）。

　これらの制度は、法令に定められているほか、各自治体が条例等を定めて

運用していますので、自治体の窓口で相談してみましょう。

2　年金

(1) 国民年金の種別の変更

　国民年金には、第1号被保険者（自営業者、農林水産業者等）、第2号被保険者（会社の厚生年金や共済組合に加入している者）、第3号被保険者（第2号被保険者によって扶養されている配偶者）という種別があります。

　あなたが勤務先で厚生年金に加入していた場合は、国民年金第2号被保険者でした。この資格は、あなたが退職した翌日に消滅します（厚生年金保険法14条2項）。その後は第1号または第3号被保険者に変わります。

　この変更手続きを、速やかに市区町村の窓口で行ってください。

(2) 国民年金保険料の減免・猶予

　国民健康保険と同様、収入の減少による保険料の減免・猶予の制度があります。詳しくは自治体の窓口で相談してください。

　減免等の申請をしないまま、単に「未納」の状態にしておくと、高齢や障害という事態が発生した時に年金を受け取れなくなるおそれがあります。支払いが困難な場合は、必ず減免等の申請をしてください。

（小野順子）

Q16 会社を解雇（または雇い止め）された場合はどうすればいいのでしょうか？

1 解雇（雇い止め）は正当ですか

（1）解雇（無期契約や有期契約の契約途中）の場合

　解雇には、整理解雇、懲戒解雇、普通解雇があります。それぞれ、要件があり、事業主が自由に解雇できるわけではありません。

　自分の解雇理由がよくわからない、という場合には、使用者に対して、解雇理由を記載した証明書を請求することができます（労働基準法22条）。

　客観的に合理的な理由がなく、社会通念上相当でない解雇は無効です（労働契約法16条）。

　また、労働者が労働災害によって休業している期間や産前産後休暇中は解雇できないという制限もあります（労働基準法19条）。

　したがって、解雇された場合は、まずその解雇が有効であり受け入れざるをえないものなのかどうか、検討しましょう。

（2）雇い止め（有期契約の期間満了時の更新拒絶）の場合

　有期労働契約の場合、契約期間が満了すれば、原則として労働契約は終了し、当然に更新されるものではありません（それが有期労働契約の大きな問題点です）。

　しかし、有期契約が何度も反復更新されるなどして、無期契約と同視できるような場合や、契約が更新されると労働者が期待することがもっともであるような場合には、使用者は正当な理由なく雇い止め（更新拒絶）できません（労働契約法19条）。

　したがって、有期労働契約の場合であっても、契約終了がやむを得ないものなのかどうか、検討しましょう。

2 解雇予告手当

（1）解雇の場合

　解雇は、解雇する日の30日前に予告しなければならず、解雇予告から解

雇までの日数がそれよりも短い場合は、天災事変や懲戒解雇の場合を除き、使用者は、短縮した日数分の解雇予告手当を支払わなければなりません（労働基準法20条）。

　したがって、解雇予告手当を支払うべきなのに使用者がそれを支払わない場合は、きちんと請求しましょう。労働基準監督署に相談するのも有効です。
（2）雇い止め（更新拒絶）の場合

　有期労働契約の場合、期間満了時に契約を更新しないときは、使用者は、一定の場合にはその予告を30日前までにしなければならないという基準があります（平成15年10月22日　厚生労働省告示第357号「有期労働契約の締結、更新及び雇止めに関する基準」）。ただし、これは法律ではなく、解雇予告手当のような給付も定められていません（これも有期労働契約の問題点です）。

3　雇用保険

（1）手続きの流れ

　解雇や雇い止めに直面した場合、まず考えるのが、雇用保険求職者給付（基本手当）の受給です。受給手続きの流れを簡単に説明すると、次のようになります。

① 　離職証明書の作成（事業主、労働者）

　　離職前に会社が作成し、労働者も署名・押印します。

　　その際、離職理由について正しく記載されているか、チェックしましょう。解雇（懲戒解雇を除く）による離職者は特定受給資格者、雇い止めによる離職者は特定理由離職者として、受給要件が緩和されたり、給付日数が長くなったり、受給資格決定日から7日間の待機期間が満了した後、給付制限を受けることなく直ちに受給が開始されたりと、自己都合退職者や懲戒解雇による離職者と異なる取り扱いがなされます。したがって、離職理由はとても重要です。

② 　退職の届出（事業主→ハローワーク）

　　事業主は、離職の翌々日から起算して10日以内に、雇用保険被保険者資格喪失届に離職証明書などを添えてハローワークに離職の届出をする義務があります（雇用保険法7条）。

③ 　離職票の発行（ハローワーク→事業主→労働者）

前項の届け出を受けて、ハローワークは離職票を発行し、事業主に送付します。事業主は、それを労働者に交付します。
④　給付の手続き（労働者）
　　ハローワークへ行って、受給資格の決定を受けます。7日間の待機期間を経て、それでも就職ができていない場合は、基本手当が支給されます。
(2) 離職票が届かない場合
　離職後、会社からなかなか離職票が届かない場合があります。雇用保険の手続きをするのは会社の義務ですから、遠慮なく会社に問い合わせをし、早く送ってもらうよう申し入れしましょう。どうしても会社が離職票を送ってくれない場合は、直接ハローワークへ行って事情を説明してください。ハローワークから会社へ連絡してもらったり、直接、離職票を交付してもらったりすることができます。
(3) 解雇・雇い止めを争う場合
　解雇・雇い止め（以下「解雇等」といいます）に納得がいかなくて、解雇等の有効性を争うこともあります。その場合でも、解雇を前提とした求職者給付の請求手続きはできるでしょうか。
　この場合は、基本手当の「仮給付」という手続きができます。後に裁判等で解雇が無効となり、遡って復職した場合には、仮給付されたものを返還することになります。また、「解雇等を争っている」ということを客観的に示すために、訴状や労働審判の申立書等の写しを提出する必要があります。
(4) 会社が雇用保険の加入手続きをとっていなかった場合
　雇用保険は要件をみたす限り必ず加入しなければならないものですが、会社が加入手続きをとっていない場合もあります。
　その場合でも、ハローワークに申告し、遡って加入手続きをとることができます（ただし、その間の労働者が負担すべき保険料は、遡って支払うことになります）。

4　健康保険、年金

　失業した場合の手続きは、Q14でご説明したとおりです。解雇等の場合であっても変わりません。
　では、解雇等を争う場合はどうでしょうか。

健康保険（組合健保、協会けんぽ）や厚生年金は、雇用保険と違い「仮に資格者と認める」といった制度がなく、たとえ解雇を争っている場合でも、産休中の解雇など無効であることが明白である場合を除き、一旦、加入資格は消滅します（昭和25年10月9日保発68号通達）。

したがって、一旦は、離職を前提とした手続きを取らざるをえません。

（小野順子）

 　　社会福祉協議会とは

　社会福祉協議会（以下「社協」と略す）は、地域福祉の推進を図ることを目的にした公共性の高い民間団体で、全国組織をはじめ、すべての都道府県、市町村に設置されています。また、社協は、社会福祉法（第109条）に位置づけられ、地域の福祉課題、生活課題の解決に取り組み、だれもが安心して暮らすことのできる福祉のまちづくりをめざしています。社協の活動は、地域住民の参加や協力を基盤にしており、行政や制度の及ばない福祉分野を対象にしています。

　地域福祉活動推進部門では、小地域福祉活動（地域により基盤組織を設置）を支援するとともに、ふれあいサロン等の地域での助け合い活動を支援しています。また、地域で困りごとを抱えた方の相談にのり、解決を支援するとともに、その方の暮らす地域の環境整備や住民同士の関係づくりなどを行います。ボランティア支援活動は、ボランティア講座や福祉教育、ボランティアのマッチングに関する事業を実施するとともに、災害時には災害ボランティアセンターを開設します。

　福祉サービス利用支援部門では、地域住民からの福祉・生活に関する不安、困り事等のあらゆる相談に応じています。また認知症高齢者、精神障害者等の判断能力の十分でない人に金銭管理や重要書類預かりなどのサービスを行っています。さらには生活困窮の人たちの生活再建の支援や生活福祉資金の貸付、食料等の当面の物資提供などを行っているところもあります。

（山口浩次）

Q17 仕事中にケガをした場合は、どうすればいいのでしょうか？
また、仕事と無関係にケガをした場合はどうでしょうか？

1 労働災害補償保険

　仕事中にケガをした場合は、労働災害補償保険（労災保険）により補償がなされます（労働基準法75～88条、労働災害補償保険法）。労災保険とは、業務災害や通勤災害を被った労働者やその遺族のために、必要な補償をする制度です。この労災保険は、すべての事業主が加入することになっており、保険料は全額、事業主が払います。
　この「仕事中に」というのは、厳密に言うと、「業務上の」ケガであるという意味です。ケガをした時に、事業主（会社）の支配下にあるか（業務遂行性）、業務とケガとの間に相当因果関係があるか（業務起因性）という2つの観点から判断されます。この「業務上」であるか否かを巡って、争いになることがあります。

2 労災保険の給付内容

A）業務（通勤）災害の給付内容には、次のようなものがあります。
（1）療養（補償）給付
　ケガや病気の治療費・薬剤費等です。
（2）休業（補償）給付、傷病（補償）年金
　ケガや病気で就労不能となり、賃金が支払われない場合に、休業4日目から休業（補償）給付が支給されます。保険給付としては給付基礎日額（通常は平均賃金）の6割が支給されますが、それとは別に、労働福祉事業として給付基礎日額の2割の休業特別支給金が支給されます（合計8割）。
　療養開始後1年6ヶ月経ってもケガや病気が治らない場合は、休業（補償）給付を打ち切り、傷病等級（1級から3級）に応じて傷病（補償）年金が支給されます。
（3）障害（補償）給付
　ケガや病気が治った後、後遺障害が残った場合に、障害の程度に応じて年

金（障害等級1～7級）または一時金（8～14級）が支給されます。
(4) 遺族（補償）給付
　労働者が亡くなった場合には、一定の範囲の遺族に対して遺族（補償）年金（一時金）が支給されます。
(5) 葬祭料、葬祭給付
　労働者が亡くなった場合には、葬儀を行う人に対して葬祭料が支給されます。
(6) 介護（補償）給付
　障害補償年金または傷病補償年金の受給権者であって障害・傷害等級が一定の人が現に介護を受けている場合、介護費用が支給されます。
B) 二次健康診断等給付
　安全衛生法に基づいて行われる直近の定期健康診断において、脳・心臓関連に一定の異常所見がある場合に、二次健康診断を受けることができます。

3　労災保険の手続き

　労災保険給付を受けたいときは、労働基準監督署に備え付けてある請求書を提出します。
　その際、請求書に会社の証明印をもらう必要がありますが、会社が証明をしてくれなかったり、労災保険を使わず健康保険で治療等をするように求めてきたりする場合があります。
　会社は、証明を求められたときは速やかに応じる義務があります（労働災害補償保険法施行規則23条）。また、労災であることを伏せて処理するといった、いわゆる「労災かくし」は犯罪です（労働安全衛生法100条、120条、労働安全衛生規則97条、98条）。
　会社が証明をしてくれない場合は、その旨を記載した文書を添えて、会社の証明印なしで労働基準監督署に請求書を提出してください。

4　労災認定に不服がある場合

　請求書を提出しても、労災と認定されなかったり、思ったような補償がなされなかったりすることがあります。労働基準監督署の決定に不服がある場合は、労働者災害補償保険審査官に審査請求をしたり、労働保険審査会に再審査請求したりすることができます。

それでも思うような結果が得られない場合は、行政処分の取消訴訟を地方裁判所に提起することもできます。

5 解雇制限

労働者が業務上のケガや病気により休業し、休業補償給付を受けている期間中は、会社はその労働者を解雇できません（労働基準法19条本文）。ただし、休業補償を打ち切り傷病補償年金が支給されることになった場合は、この解雇制限がなくなります（同条ただし書き）。

また、通勤災害の場合は、この解雇制限の規定（労働基準法19条）は適用されません。

6 労災保険と民事上の損害賠償請求の関係

業務上のケガや病気の場合は、会社は過失がなくても災害補償の責任を負います。一方、会社の施設設備に欠陥があってそれが原因でケガをした場合など、会社に過失がある場合は、会社は安全配慮義務違反（労働契約法5条参照）や不法行為（民法709条等）などを理由として労働者に損害賠償する責任を負います。

この後者の場合に認められる損害の範囲は、労災保険でカバーされる範囲よりも広いのが一般です。したがって、労災保険による補償を受けると同時に、会社に対して損害賠償請求し、差額の補償を求めていくこともできます。

7 仕事と無関係にケガをした場合

仕事とは無関係にケガをした場合は、自分が加入している健康保険を使って治療することになります。

就労できず仕事を休み、給料が支払われないときは、組合健保または協会けんぽに加入している場合は傷病手当金が支給されます（健康保険法99条）。金額は、「支給開始日の以前12ヶ月間の各標準報酬月額を平均した額÷30日×3分の2」です。

国民健康保険に加入している場合は、国民健康保険法における傷病手当金の支給は任意規定となっているため（国民健康保険法58条）、ほぼ傷病手当金の支給はなされていないのが現状です。

（小野順子）

Q18 残業代をもらっていないのですが、どうすればいいのでしょうか？

1 労働時間の原則

　労働者の労働時間は、原則として1日8時間以内、1週40時間以内と決められています（労働基準法32条）。それを超える長時間労働は、労働者の健康や人間らしい生活を阻害するからです。

　例外的に、労働者の過半数で組織する労働組合または労働者の過半数を代表する者との間で書面による労使協定（36〔さぶろく〕協定）を締結し、それを労働基準監督署に届け出た場合に限り、上記の制限を超えて残業や休日出勤（以下「残業等」と言います）を命じることができます（労働基準法36条）。

　36協定がないのに残業等を命じることは違法であり、罰則規定もあります（労働基準法109条）。

2 割増賃金

　しかし、36協定があろうとなかろうと（実際には36協定を締結せずに残業等を命じている会社もあります）、現に残業等をした場合に、それに対して残業代を請求することができるのは当然です。

　残業代は、所定賃金よりも割高です。例えば、勤務日の残業に対しては所定賃金（時間給単価）の125％、休日労働に対しては135％などです。

　これは、割高の賃金を支払わなければならないというペナルティを課すことによって、使用者ができるだけ残業を命じないようにする、という抑制的効果をねらったものです。

3 残業代を払ってもらえない場合

　実際に残業等をしたのに残業代を払ってもらえない場合、どのようにすればよいでしょうか。

　解決方法としては次のようなことが考えられます。

・労働組合に加入して交渉する

・行政機関を利用する
・司法手段を利用する

以下、順にみてみましょう。

(1) 労働組合に加入して交渉する

労働条件や労働環境に関する問題は、労使間で自主的に解決することが望ましいといえます。会社は、労働組合から団体交渉の申し入れがあった場合は、これを拒否することはできません（日本国憲法28条、労働組合法7条2号）。よって、労働組合に加入し、団体交渉で残業代を請求するのは有効な方法です。

勤務先に労働組合がなくても、一人で入れる労働組合もあります（地域ユニオンとか合同労組などと呼ばれています）。

団体交渉では、残業代のほかに、社会保険（健康保険、厚生年金）や雇用保険の加入要件を満たしているのに未加入だからきちんと手続きをしてほしいとか、年次有給休暇を取得しづらいので職場環境を整えてほしいとか、お昼の食事をとるための休憩室を作ってほしいとか、さまざまな要望を出して交渉することもできます。残業等のことも含めて、自らの問題は自らで解決するという気概が必要です。

(2) 行政機関を利用する

残業代を払わないことは労働基準法違反（賃金未払い）ですから、労働基準監督署に申告し、労基署から会社に勧告等をしてもらうことも可能です。

また、そこまで明白な法律違反と言えない場合でも、都道府県の労働局には「総合労働相談コーナー」がありますので、そこで相談することもできます（無料）。そこでも詳しく案内してくれますが、行政機関による紛争解決制度には、労働局長による助言・指導、紛争調整委員会によるあっせん、都道府県労働委員会によるあっせんなど、さまざまなものがあります。裁判と違って費用もかかりませんので、こういった手続きを利用するのもよいと思います。

(3) 司法手段を利用する

未払い残業代を請求する裁判を提起することも可能です。通常の裁判のほか、労働審判という手続きもあります（どちらも地方裁判所で行われる手続きです）。労働審判は、通常の裁判よりも「話し合い」の要素が強く、3回の期

日で終わるという決まりがありますので、早期解決を図ることができます。

　ただ、在職中に会社に対して裁判を起こしたり労働審判を申し立てたりするのは勇気がいることです。退職後に裁判を起こすこともできますが（ただし賃金請求権は2年で時効により消滅しますので注意が必要です）、可能な限り、在職中に団体交渉などで労働条件を改善していくようにしましょう。

4　労働時間の把握

　上記のような手続きをとるにあたっては、「何時から何時まで残業したか」という労働時間の把握を、労働者がある程度できていることが前提です。使用者に労働時間の把握・管理義務があるのは確かですが、裁判になれば、最終的に労働時間を立証する責任は労働者側にあります。タイムカードや出勤簿などのコピーを入手できれば万全ですが（裁判所における証拠保全手続きで入手することも可能です）、それが難しい場合でも、自分の手帳に出社・退社時刻をメモしておくとか、毎日、帰社する時に家族にメールを送信するとか、何らかの記録は残すようにしましょう。

5　長時間労働の是正

　上述のとおり、残業代の支払いは、残業をできるだけ回避するという抑制効果を会社にもたらすものです。残業代を支払っていないということは、その動機付けがなされていないということなので、往々にして長時間労働になっていることがあります。

　恒常的な長時間の残業は、うつ病などの発症の原因となります。ひいては、過労死などの悲惨な結果を招来しかねません。月100時間を超える残業等を行い、疲労の蓄積がみられる労働者に対しては、会社は医師による面接指導を行う義務があります（労働安全衛生法66条の8、労働安全衛生規則52条の2）。しかし、残業はないに越したことはありません。

　残業代が収入の確保につながることは事実ですが、それは基本給が低すぎるという問題点をも見えなくしてしまうことにもつながります。ディーセント・ワーク（働きがいのある人間らしい仕事）の観点から、残業そのものを見直すことも必要です。

（小野順子）

自主退職を迫られて！

　私は47歳、高知県内の商社に勤務していて、当時体調不良で休暇中でした。
　本年5月末頃、突然に退職勧告書が会社から送られてきました。
　その内容は『休暇は1ヶ月しか取れないので、6月7日を期限に職場復帰するか、解雇、又は自主退職を求める』という内容でした。
　妻と二人で顔を見合わせるだけで、驚きのあまり声を出すことも出来ませんでした。
　自主退職となれば、3ヶ月間は雇用保険の給付が出ない等、生活に直接影響します。
　早速に妻の知人に連絡をして「高知うろこの会」というところを紹介してもらいました。
　「高知うろこの会」を夫婦で訪ねて、事務局長さんに話を聞いてもらいました。
　先ず、それまでのいきさつから整理してお話ししました。
　平成24年頃、私は高知県内の商社Aに勤務していて、取引先のB社へ出向を命じられることになりました。
　そこでは以前からの取引先という気安さから、また社長のCさんもよく知っているということもあり、社風などに左右されることなく、順調に営業活動が出来ていました。
　ところが、2年前突然C社長が東京勤務となり、代わってD社長が赴任してきました。
　その頃から、社風に変化が出始めました。
　会社での海外研修と名のついた旅行でも、強制的に参加を求められ、その間、仕事がたまった分は徹夜で処理させられるといった具合で、休める時がないくらいでした。
　少しのミスでも、相当に突っ込まれるなど、上司の愚痴を聞かされたり、嫌味を言われるなど徐々にストレスが溜まり、同年輩の同僚たちも会社を辞めていくようになりました。
　当然その分私への仕事量が増え、ノルマが増大してきました。
　ノルマを消化するために深夜遅くまで残業が続くようになりました。
　会社のシステムとして、タイムカードは全て手書きで記入され、定刻記入でした。
　そのように、残業が続き体と精神のバランスを崩しかけ始めた時でした。
　昨年の2月でした、同じオフィスビルの他社の車が、私の乗車している車に追突しました。大した怪我もなく表沙汰にしないままに1ヶ月が過ぎたころ、私は体調を崩して会社を休むようになりました。
　3月には1週間、4月には5日、5月には10日、6月に5日、7月に1週間、といった具合で病院への通院も始まりました。診断名は、うつ・不安精神症・出社拒否症

となっていました。休んだ日は布団から出るのもおっくうで、もう病人というより廃人のようだったと、あとから妻子に言われました。

そんな時でした、妻が専務に呼び出され病院より3ヶ月の休職をとるように言われ、長期休職を言い渡されました。

この間にしっかりと休養を取って体調を整えれば、復帰が出来ると信じていました。

12月から出社して3月まで何とか乗り切りましたが、その間の身分はパートの時給扱いでした。4月から正式復帰という扱いになりましたが、5月に入ってまた体調維持が出来なくなり、有給休暇を申し入れて休むことになりました。

そんな時に「自主退職」を求める通知書が届いたのです。

私の家族は、今年成人した大学生の長女、この春工業高校を卒業して建設会社へ入社した長男、そして中学校でテニスを始めた次女の3人の子供を中心に、また妻はパートで家計を助け子供たちの成長だけを楽しみにしてきました。

「高知うろこの会」の事務局長と共に、高知県労連を訪問しました。

「高知うろこの会」事務局長は高知県労連で先に述べた事を話して、支援をお願いしてくれました。

その後も私は妻と二人して県労連を訪問したり、県労連の書記長さんなどと共に労働基準監督署などへも行き適切なアドバイスを受けました。

また、県労連の書記長さんがＢ社の勧告に違法性があるなどを以って、Ｂ社と直接交渉をしてくれました。

その結果、私はもうあの会社では働きたくないという事もあり、自主退職ではなく自然退職（会社も自分も悪くない）という結果を導き出してくれました。

退職金も少しではあるが規定通り支給されました。

今後は、建保連からの判断で傷病手当が約1年間給付され、その後雇用保険の給付に切り替えられることなど、すべてお世話をしてくれました。

これで会社でのいやなことなどを気にすることなく、ゆっくりと体調を整えることに専念し、新たな仕事をゆっくりと探すことが出来るのではないかと思っています。

今日は高校野球の決勝戦があるから応援に行こうと出かけたり、次女の部活の迎えをしたり、最近は一人で外出ができるようになり妻も安心していました。

子どもたちも私の様子を気づかって心配していましたが、今ではみんなが明るさを取り戻して明るく振舞ってくれています。

思い切って「高知うろこの会」へ相談に行って本当に良かった。

家の中の灯が消えて、暗い家庭にしていた責任を感じながら、今のありがたさを実感しています。

民間の機関でこのように何でも相談が出来るところが有ることと、そのネットワークを活かした対応の素晴らしさを知ることが出来ました。本当にありがとうございました。

（高知県の元商社員）

第4章 医療

Q19 医療保険にはどんな種類がありますか？

1 医療保険とは

医療保険とは、医療が必要となることを保険事故ととらえ、医療費の全部または一部を保険者が保険金として支払うという保険です。被保険者は保険料を納付し、医療が必要となったときには、保険者から保険給付を受けて、医療機関を受診することになります。公的な医療保険には、健康保険、船員保険、共済保険、国民健康保険、後期高齢者医療制度があります。

国民皆保険制度

＊昭和36(1961)年以降、日本では、すべての人が公的な医療保険に加入することになっています。

職域保険	健康保険	協会けんぽ＝「全国健康保険協会」	主に、中小企業の被用者等を対象	・被用者本人と使用者がほぼ折半。 ・被用者の給与水準によって決まる。
		健康保険組合	大企業の被用者等を対象	
	船員保険		船員	
	共済組合		公務員 私立学校教職員	
地域保険	国民健康保険	市町村国保	自営業者・フリーター・無職等	・保険料は、世帯ごとに収入や資産額、世帯人数等に応じて算出
		国民健康保険組合	特定の職種ごとに設立	組合（事業主・従業員・家族など）で定める

		75歳以上の人	保険料は、
後期高齢者医療制度	保険者は、全市町村が加入する広域連合	一定の障害があると認定された65歳以上75歳未満の人	・一人ひとりが支払う ・所得に応じて負担する「所得割額」と被保険者が等しく負担する「被保険者均等割額」(定額)の合計

2 健康保険

(1) 被保険者

　健康保険の被保険者は、被用者（給与生活者）です。「適用事業所」（健康保険法3条3項）または「任意適用事業所」（健康保険法31条）に使用される者は、健康保険の被保険者となります。会社（法人）に勤務する人、法定の種類の個人事業所で常時5人以上の従業員がいるところに勤務する人は、健康保険の被保険者になると考えてよいでしょう。

　ただし、例外もあります。日雇労働者や、二月以内の期間を定めて臨時に使用される者は、一定の期間を超えて継続雇用された場合を除き、健康保険に加入できません（健康保険法3条1項2号）。

　また、短時間労働者については、所定労働時間や通常の給与額が一定の水準を超えるなどの条件を満たした場合にのみ、健康保険の被保険者となります（健康保険法3条1項9号）。

　健康保険の被保険者であった者は、適用事業所を退職すると被保険者ではなくなりますが（健康保険法36条）、資格喪失の日の前日まで継続して二月以上被保険者であった者は、被保険者の資格を喪失した日から20日以内に保険者に申し出ることによって、2年間に限り、任意継続被保険者となることができます（健康保険法37条、3条4項）。

(2) 被扶養者

　被保険者に扶養される者も、被保険者が加入する健康保険の給付対象となります。被扶養者とは、以下の者をいいます（健康保険法3条7項）。

① 被保険者の直系尊属、配偶者（事実婚を含む）、子、孫及び兄弟姉妹であって、主として被保険者により生計を維持するもの

② 被保険者の三親等内の親族で前号に掲げる者以外のものであって、被保険者と同一の世帯に属し、主としてその被保険者により生計を維持するもの

③　事実婚の配偶者の父母及び子であって、被保険者と同一の世帯に属し、主としてその被保険者により生計を維持するもの

　ここで、「被保険者により生計を維持する」の解釈として、いわゆる130万円の壁の問題が登場します。要するに、年間収入が130万円以上になると、被保険者により生計を維持すると認められなくなるのです（昭和52年4月6日付保発第9号、庁保発第9号）。この場合は、自ら健康保険の被保険者となるか、短時間労働者であるため健康保険の加入資格がないときなどは、国民健康保険の被保険者になります。

(3) 保険者

　健康保険の保険者は、全国健康保険協会及び健康保険組合の2つです（健康保険法4条）。

　健康保険組合は、企業が設立する健康保険組合です。健康保険組合を設立していない中小企業の被用者は、全国健康保険協会の管掌する「協会けんぽ」（旧政府管掌健康保険）の被保険者となります。

(4) 保険料

　被保険者及び被保険者を使用する事業主は、それぞれ保険料額の2分の1を負担します（健康保険法161条1項）。任意継続被保険者は、すでに勤務先を退職していることになるので、保険料は全額を自分で負担することになります（健康保険法161条1項但書き）。

　具体的な保険料額は、標準報酬月額及び標準賞与額にそれぞれ一般保険料率を乗じて得た額となります（健康保険法156条）。保険料率は、全国平均が10％になるように設定されていますが、都道府県によって差があります。また、40歳から64歳までの被保険者（介護保険第2号被保険者）は、全国一律の介護保険料率（2017年3月以降の場合、1.65％）が加わります。

(5) 他の被用者保険制度

　船員保険は、船員として船舶所有者に使用される者を（船員保険法11条）、国家公務員、地方公務員、私学の教職員等は、それぞれの共済組合の組合員を対象としており、被用者保険という点で、健康保険と類似しています。被扶養者に対する給付、任意継続制度なども共通です。

3　国民健康保険

「市町村又は特別区（略）の区域内に住所を有する者は、当該市町村が行う国民健康保険の被保険者と」なります（国民健康保険法5条）。住民基本台帳に登録される外国人も対象になります。

健康保険など他の公的医療保険の被保険者及び被扶養者並びに生活保護受給者を除き、すべての住民が国民健康保険の被保険者となるため、結局は、生活保護受給者以外は、何らかの公的医療保険の対象者となるわけです（国民皆保険）。

この市町村国保とは別に、国民健康保険組合を保険者とする組合国保があります。建設業や、医師・歯科医師・薬剤師、その他一般の約160の国保組合が存在しています。

4　後期高齢者医療制度

後期高齢者医療制度は、健康保険や国民健康保険など他の公的医療保険制度とは独立した公的医療保険制度で、後期高齢者（75歳以上の者）と、前期高齢者（65歳以上75歳未満の者）のうち政令で定める程度の障害の状態にある旨の認定を受けたものとを対象にした制度です（高齢者の医療の確保に関する法律50条）。特別地方公共団体である後期高齢者医療広域連合が運営主体となっています。

後期高齢者医療制度の対象者になると、自らが他の医療保険の被保険者である場合でも、他の医療保険の被保険者の被扶養者である場合でも、これらから脱退し、後期高齢者医療制度に移行します。

5　健康保険等と国民健康保険との違い

健康保険、船員保険、共済保険では、制度の対象となるのは、被保険者（被用者）と被保険者によって扶養される者です。保険料（または共済掛金）は、被扶養者が何人いても変わりません。

これに対して、国民健康保険では、被扶養者という概念はなく、世帯内の加入者数によって保険料が変動します。

保険給付の内容にも違いがあります。

法定必須給付（療養の給付、入院時食事療養費、特定療養費、療養費、訪問看

護療養費、特別療養費、移送費、高額療養費の8種類)については、健康保険等と国民健康保険の両方で給付されます。

しかし、法定任意給付(出産育児一時金、葬祭費、葬祭の給付の3種類)については、国民健康保険では、特別の理由があるときは、その全部又は一部を行わないことができるものとされています。

さらに、傷病手当金については、給付を行うか否かは任意とされており、国保組合が保険者となっている国民健康保険では傷病手当金が支給される例があるようですが、市町村が保険者となる国民健康保険では、傷病手当金は支給されていません。

健康保険　主な保険給付の種類と内容

どんなとき		給付の種類		給付の主な内容
		被保険者	被扶養者	
病気やケガをしたとき	保険証を提示して治療を受けるとき	療養の給付	家族療養費	医療機関で被保険者証等を提示し、一部負担金を支払うことで、診察・処置・投薬などの治療を受けることができます。 <一部負担金の割合> 　小学校入学前…2割 　小学校入学以後70歳未満…3割 　70歳以上…2割（現役並み所得者は3割）
	立替払いのとき	療養費	家族療養費	就職直後で保険証がない、海外の医療機関で診療を受けたとき等、やむを得ず全額自己負担で受診したときや、治療上の必要からコルセット等の治療用装具を装着したときなど。
		高額療養費		被保険者本人・被扶養者とも単独または、世帯合算で1ヶ月の窓口負担額が自己負担限度額を超えたとき
	医療費が高額になりそうなとき	限度額適用認定		保険証と併せて医療機関等の窓口に提示すると、1ヶ月（1日から月末まで）の窓口での支払いが自己負担限度額までとなります。
	病気やケガで会社を休んだとき	傷病手当金		被保険者が療養のために会社を休み、事業主から賃金を受けられないとき、仕事を休んだ日から連続して3日間休んだ（待期）の後、4日目以降の仕事に就けなかった日に対して、支給開始日から最長1年6ヶ月支給
出産	出産で会社を休んだとき	出産手当金		被保険者が出産のため会社を休み、事業主から給料を受けられないとき、出産の日（実際の出産が予定日後のときは出産予定日）以前42日（多胎妊娠の場合98日）から出産の翌日以後56日目までの範囲内で、会社を休み賃金を受けられない期間を対象として支給
	出産したとき	出産育児一時金	家族出産育児一時金	被保険者（被扶養者）が出産したとき、1児につき42万円が支給。（産科医療補償制度に加入されていない医療機関で出産された場合は39万円（平成27年1月1日以降の出産は40.4万円）支給。
死亡	加入者が亡くなったとき	埋葬料（費）	家族埋葬料	被保険者が業務外の事由で、被扶養者が亡くなったとき、5万円が支給。

（土井裕明）

Q20　無料低額診療事業とは何ですか？

1　無料低額診療事業とは

　無料低額診療事業は、低所得者等に対し、医療機関が無料または低額な料金によって診療を行う事業です。

　国民皆保険の下では、本来、低額の一部負担金のみで診療を受けることができるはずです。一部負担金の支払いも困難な場合は、生活保護を受給して医療扶助を利用し、無料で診療を受けることができます。

　しかし、実際には、さまざまな理由で一部負担金が支払えなかったり、生活保護が受給できなかったりする場合があります。生活保護を受給できるケースであっても、申請から受給までの間に数週間を要しますから、その間の緊急の医療をどうするかという問題が生じます。このような場合に利用できるのが、無料低額診療事業です。

　無料低額診療事業は、「生計困難者のために、無料又は低額な料金で診療を行う事業」として、社会福祉法2条3項9号で第2種社会福祉事業に位置づけられています。税法上の特典があるとはいえ、診療を提供する医療機関にとって、無料低額診療事業は経費の持ち出しになります。現在、無料低額診療事業を実施する医療機関は全国に500ヶ所以上あるとされ、少なくとも都道府県に一つは存在しています。主に、民医連（全日本民主医療機関連合会）に加盟している医療機関または済生会（社会福祉法人恩賜財団済生会）の医療機関がこの事業を行うほか、社会福祉法人や財団法人の病院、宗教関係の病院、日本赤十字病院などの中にも、無料低額診療事業を行っているところがあるようです。

　各都道府県・政令市・中核市で社会福祉事業を担当している課に問い合わせれば、どの病院が取り扱っているかを知ることができます。

2　無料低額診療事業の内容

　無料低額診療事業の内容は、各都道府県知事・各指定都市市長・各中核市市長宛の厚労省社会援護局長通知「社会福祉法第2条第3項に規定する生計困難者のために無料または低額な料金で診療を行う事業について」（平成13年7月23日付社援発第1276号）に定められています。
　これによると、以下の4つが必須の条件として定められています。
(1) 低所得者、要保護者、行旅病人、一定の住居を持たない者で野外において生活している者等の生計困難者を対象とする診療費の減免方法を定めて、これを明示すること
(2) 生活保護法による保護を受けている者及び無料または診療費の10％以上の減免を受けた者の延数が取扱患者の総延数の10％以上であること
(3) 医療上、生活上の相談に応ずるために医療ソーシャルワーカーを置き、かつ、そのために必要な施設を備えること
(4) 生活保護法による保護を受けている者その他の生計困難者を対象として定期的に無料の健康相談、保健教育等を行うこと
　無料低額診療事業の対象者としては、「低所得者」「要保護者」「ホームレスの状態にある人」「DV被害者」「人身取引被害者」等が想定されています。診療費の減免については、一律の基準はなく、各医療機関に委ねられていますが、例えば、「全額免除は1ヶ月の収入が生活保護基準の概ね120％以下」「一部免除は140％以下」などの規定を設けている例があるようです。
　また、この制度の利用は、生活保護を受給するまでまたは生活が改善するまでの一時的なものと位置づけられます。制度を利用できる期間は、1ヶ月から数ヶ月の範囲内とされていることが多いようです。
　例えば、生活保護を受給できる人が、保護申請から保護決定を受けるまでの間、当面の医療を受けるためにこの制度を活用するとか、生活保護基準以上の収入がありながら多重債務のために医療費を負担できなくなっている人が、弁護士等に依頼して債務の返済から解放され、公的医療保険の一部負担金を自己資金でまかなえるようになるまで、当面はこの制度を利用して医療を受けるといったことが考えられます。

3　無料低額診療事業の利用方法

　前記通知により、無料低額診療事業に基づく診療費の減免は、おおむね次のような方法により行うこととされています。
(1)　診療施設は、無料診療券または低額診療券を発行します。これらの診療券は、当該施設を利用することができる地域の社会福祉協議会等において保管し、必要に応じて生計困難者に交付し、診療施設は、無料診療券または低額診療券の提出を受けて診療費の減免を行います。
(2)　診療費の減免額は、診療施設において関係機関と協議の上決定します。
(3)　診療施設において、無料診療券または低額診療券によらない患者から診療費の減免の申出があった場合には、医療ソーシャルワーカーがその相談に応じ、適宜減免の措置をとるとともに、社会福祉協議会、民生委員等と充分連絡し、以後無料診療券または低額診療券により診療を受けるように指導します。

　この通知によれば、生計困難者で医療を必要とする人は、①最初に社会福祉協議会等に相談し、そこで無料低額診療券を受け取って医療機関に行く場合と、②最初に医療機関に行き、そこで医療ソーシャルワーカーが生活の状況を聞き、必要に応じて給与明細、年金の通知書、預金通帳などの資料を検討した上で、制度の適用の可否を判断する場合があることになります。

　いずれのルートでも、医療を受けられればそれで終わりというわけではなく、生活保護や年金の申請、借金問題の解決などの支援が望まれます。

4　医薬品代の問題

　無料低額診療事業が開始された当時、薬は病院でもらうものでした。薬を病院で出していた時代には、無料低額診療事業で、病院が薬を無料または低額で出すことができました。

　しかし、現在では、医薬分業が進み、病院で処方箋をもらって、薬は外部の薬局で購入するのが一般的となっています。こうなると、無料低額診療事業の制度は、薬代には使えません。せっかく無料低額診療事業を利用しても、薬代だけは、別に用意しなければならないのです。

　院外処方が一般的になった以上、無料低額診療事業を、薬局にも適用でき

るように制度改正する必要がありますが、この問題は解決されないままとなっています。

　高知市、旭川市、青森市、那覇市等は、無料定額診療事業調剤処方費事業（無料定額診療事業の適用を受けている人を対象に調剤処方に係る自己負担の費用を助成する事業）を、自治体として独自に行っています。

5　その他

　無料低額診療事業に類似の制度として、「無料低額介護老人保健施設利用事業」というものもあります。「生計困難者に対して、無料又は低額な費用で介護保険法に規定する介護老人保健施設を利用させる事業」が第2種社会福祉事業に指定され（社会福祉法2条3項10号）、通常はサービス利用料金の1割負担が必要とされるところ、その減免が受けられます。

（土井裕明）

第4章　医　療

Q21　医療費の一部負担金を軽減できる高額療養費制度とは何ですか？

1　高額療養費制度とは

　公的医療保険は医療費の全額を給付するわけではありません。医療費の一部は、被保険者の自己負担となります。その割合は、健康保険と国民健康保険の場合、原則として3割、就学前児童は2割、70歳に達する日の属する月の翌月以後で所得要件を満たす場合は2割です。後期高齢者医療制度の場合は、所得によって1割または3割です。

　医療費が高額になると、この一部負担金も高額となります。負担割合が3割の場合、医療費が100万円になれば、一部負担金は30万円になってしまいます。

　そこで、公的医療保険では、一部負担金等の額が著しく高額であるときは、高額療養費を支給することにしています。これにより、実質的に、一部負担金に上限が設定されることになります（健康保険法57条の2、国民健康保険法115条、高齢者の医療の確保に関する法律84条等）。

　高額療養費の支給要件等は、政令に委ねられています。

2　高額療養費制度のしくみ

　医療機関や薬局の窓口で支払った額（保険外併用療養費の差額部分や入院時食事療養費、入院時生活療養費の自己負担額を除く）が、ひと月で上限額を超えた場合に、その超えた部分の金額が高額療養費として支給されます。

> 例：70歳未満で住民税非課税の人に、一つの医療機関で100万円の医療費が発生した場合
>
> 　一部負担金＝100万円×30％＝30万円
> 　一部負担金の上限額＝3万5400円
> 　高額療養費の支給額＝30万円－3万5400円＝26万4600円

ただし、療養費が上限額を超えたからといって、自動的に高額療養費が支給されるわけではありません。高額療養費の支給を受けるためには、加入している公的健康保険の事務所宛に、高額療養費の支給申請書を提出しなければなりません。高額療養費の請求権の時効は2年ですので、それまでに支給申請をする必要があります。

療養費の一部負担金の算定期間となる「ひと月」とは暦の1日から末日までの期間を指します。月をまたいで診療を受け、それらを通算すれば上限額を超える場合であっても、暦日のひと月ごとに計算して上限額を超えなければ、高額療養費の支給は受けられません。高額療養費の算定の基礎となるレセプトが、暦日のひと月ごとに作成される関係で、月をまたいだ計算ができないためです。

高額療養費の対象となる一部負担金の額は、受診者別、医療機関別、入院・通院別に、それぞれ2万1000円以上のものを合算します。

> 例：70歳未満で住民税非課税の人に、A病院で15万円、B病院で2万円の医療費が発生した場合
>
> A病院の一部負担金＝15万円×30％＝4万5000円
> B病院の一部負担金＝2万円×30％＝6000円
> 高額療養費の支給額＝4万5000円－3万5400円＝9600円

上の例では、A病院で4万5000円、B病院で6000円を支払っても、医療機関が違うので、これらを合算することはできません。

> 例：70歳未満で住民税非課税の人に、旧総合病院であるA病院の外科の入院で15万円、内科の入院で2万円の医療費が発生した場合
>
> A病院外科（入院）の一部負担金＝15万円×30％＝4万5000円
> A病院内科（入院）の一部負担金＝2万円×30％＝6,000円
> 高額療養費の支給額＝5万1000円－3万5400円＝1万5600円

旧総合病院では、診療科が異なってもレセプトは1通にまとめられるので、複数の診療科の医療費合計が2万1000円以上になっていれば合算できます。

なお、70歳以上の場合は、2万1000円以上という制約がなく、窓口負担の額を単純に合計します。

70歳以上の方の上限額（平成30年8月以降の診療分から）

適用区分		外来（個人ごと）	ひと月の上限額（世帯ごと）	多数回該当の場合
現役並み	年収約1160万円～ 標準報酬月額83万円以上／ 課税所得690万円以上	25万2600円＋（医療費－84万2000）×1％		14万100円
現役並み	年収約770万円～ 約1160万円 標準報酬月額53万円以上／ 課税所得380万円以上	16万7400円＋（医療費－55万8000）×1％		9万3000円
現役並み	年収約370万円～ 約770万円 標準報酬月額28万円以上／ 課税所得145万円以上	8万100円＋（医療費－26万7000）×1％		4万4400円
一般	年収156万円～ 約370万円 標準報酬月額26万円以下／ 課税所得145万円未満等	1万8000円 （年間上限14万4000円）	5万7600円	4万4400円
住民税非課税等	Ⅱ　住民税非課税世帯	8000円	2万4600円	2万4600円
住民税非課税等	Ⅰ　住民税非課税世帯 （年金収入80万円以下など）	8000円	1万5000円	2万4600円

69歳以下の方の上限額

適用区分		ひと月の上限額（世帯ごと）	多数回該当の場合
ア	年収約1160万円～ 国保：旧ただし書き所得901万円超	25万2600円＋（医療費－84万2000）×1％	14万100円
イ	年収約770万円～ 約1160万円 国保：旧ただし書き所得 600万～901万円	16万7400円＋（医療費－55万8000）×1％	9万3000円
ウ	年収約370万円～ 約770万円 国保：旧ただし書き所得 210万～600万円	8万100円＋（医療費－26万7000）×1％	4万4400円
エ	～年収約370万円 国保：旧ただし書き所得 210万以下	5万7600円	4万4400円
オ	住民税非課税者	3万5400円	2万4600円

※ 70歳以上の方については、平成30年8月以降の診療分が対象です。
※ 70歳以上の方の「住民税非課税」区分の方については、多数回該当の適用はありません。

3　一部負担金の上限額

一部負担金の上限額は年齢や所得によって異なります。

70歳以上の場合、年収を、「現役並み」「一般」「住民税非課税等」の3つに区分します。現役並みは年収約370万円以上、一般は約156万円以上です。また、70歳以上では、外来だけの場合の上限額も定められています。

70歳未満の場合、年収ごとに5段階に区分されています。

なお、人工透析などとくに高額の療養費が発生する病気については、一部負担金の上限額を1万円とする特例が設けられています。

4　世帯合算

一部負担金の額は、同一の公的医療保険に加入する世帯単位で合算できます。一人分の一部負担金では上限額を超えない場合でも、世帯単位で合算して上限額を超えれば、高額療養費の支給を受けることができます。ただし、この場合も、70歳未満の人については、2万1000円以上のものだけしか合算できません。

5　多数回該当

過去12ヶ月以内に3回以上、上限額に達した場合は、「多数回該当」となり、4回目以降は、一部負担金の上限額が下がります。

6　限度額適用認定証、限度額適用認定・標準負担額減額認定証

高額療養費は、いったん窓口で一部負担金を支払い、後から上限額超過分が戻ってくるという制度です。高額療養費が支給されるまで、少なくとも3ヶ月は必要で、その間、一時的とはいえ、高額の支払いを余儀なくされます。

そこで、あらかじめ、公的医療保険機関から「限度額適用認定証」の交付を受け、これを病院の窓口に提示することにより、限度額を超える支払いをしなくてすむようになります。

住民税非課税世帯の場合は、限度額適用認定・標準負担額減額認定証を提示することで、一部負担金限度額や、入院時に支払う食事療養費や生活療養

費の標準負担額が一般の人より低額になります。

なお、70歳以上の人は、保険証と高齢受給者証を保険医療機関に提示することにより窓口での支払額が一部負担金限度額に抑えられるので、限度額適用認定証の手続きは不要です。

また、あらかじめ限度額適用認定証を提出できず、いったん一部負担金を支払わなければならなくなった場合のために、無利子で高額療養費支給見込額の8割相当額の貸付を行う「高額医療費貸付制度」が用意されています。

7　高額介護合算療養費

同一の公的医療保険に加入している世帯人員について、毎年8月から1年間にかかった医療保険と介護保険の一部負担金額（高額療養費及び高額介護（予防）サービス費の支給を受けることができる場合には、その額を除く）を合計し、基準額を超えた場合に、その超えた金額が支給されます。

高額療養費制度は月単位で負担を軽減しますが、それでもなお、年間でみて重い負担が残る場合に、年単位で負担を軽減するのが、高額介護合算療養費制度です。

（土井裕明）

わが国の自殺問題と
私たち専門家の課題

　警察庁の自殺統計によると、2016年の自殺者は2万1897名で、2017年1月〜6月までの上半期の自殺者数は1万910名だということです。2003年の3万4427名が最多でしたから、大幅な減少であり、2017年はさらに減少すると思われます。
　これは、個人の問題としていた自殺問題について、市民団体の強い批判を受けて、遅きながら政府が2006年10月に自殺対策基本法を制定し、内閣に自殺総合対策会議（会長は当初は内閣官房長官、現在は厚生労働大臣）を設置し、2007年6月には最初の自殺総合対策大綱を策定して、2005年（3万2552名）比で、2016年までに20％減少させる目標（2万6040人）を設定して取り組んできた成果であると言って良いでしょう。しかし、減少したとはいえ総人口に占める自殺死亡率は19.5人（人口10万人当り、2014年、WHOリポート）で、先進7ヶ国の中で最悪の状況にあることには変わりありません。他の6ヶ国は、仏15.1（2013年）、米13.4（2014年）、独12.6（2014年）、英7.5（2013年）、伊7.2（2012年）です。我が国は、2007年から10年間、官民挙げて予算を組み自殺総合対策に取り組んできたにも関わらず、日本の自殺状況は先進国の中で最悪です。
　このような中で、政府は2017年7月25日、「誰も自殺に追い込まれることのない社会の実現を目指して」と題する3度目の「自殺総合対策大綱」を閣議決定しました。今回の大綱も、自殺はその多くが追い込まれた末の死であること、社会的な取り組みにより防ぐことができること、年間自殺率は減少傾向にあるものの非常事態は未だ続いているとの現状認識しています。今後10年間で自殺死亡率を2015年の18.9から13（自殺者数1万5000人）以下に減少させることを目標に、当面の重点施策について、これまで対象にしてこなかったギャンブル依存症や性的マイノリティ等も含めた多方面に亘るきめ細かく具体的かつ総合的な取り組みを定めています。これは今後の国及び地方公共団体の具体的な自殺対策の指針になりますから、是非、一読されることをお勧めします。
　もっとも、物足りなさや不満もあります。それは、自殺問題は日本の社会保障及び生存権保障の度合い、すなわち、憲法25条から28条までの実施状況と密接に関係していると考えられますが、この点の指摘が弱いと思います。例え

ば、生活保護受給者の自殺率は厚労省の調査でもそうでない人に比べて2倍であったり、子どものいじめは先生の児童や生徒の受持ち数が関係すると指摘されていたり、自殺者の多い高齢者の健康問題では高齢者が安心して医療や介護を受けられる状況にあるかどうかや、過労やパワハラをなくすためにどのような労働者保護がなされているか等の社会保障度合いが自殺率と密接に関係しています。これらの点からすると、今回の自殺総合対策大綱には、率直に言って物足りなさを感じますが、これらは現在の政治の在り方と関係していますので、やむを得ないところはあると思います。

しかし、自殺問題と社会保障の保障度合いは密接に関係している事を考え、本気でわが国が先進7ヶ国の中で自殺の少ない名誉ある国になろうとするならば、この視点は貫かなければならないと思います。

最後に、自殺とはその人自身が追い込まれた末に自らの生命を絶つことです。生命は人権保障の中で最大の尊重を要するものです。その命が多重債務や貧困、過労やパワハラやセクハラ、いじめ等の社会的要因によって追い込まれた末に、その人自身によって絶たれることは本当に痛ましいことであり、それは最大の人権侵害と言って良いでしょう。

その意味では、人権保障に携わる私たちも積極的にこの問題に関わり、自殺予防のゲートキーパーとしての役割を担うとの自覚を強く持つ必要があると思います。

ところが、ライフリンクの調査によると、自殺者の60％以上の人が自殺する1月前に相談に行っているという結果が出ています。相談先は医療関係者が多いのですが法律家も含まれています。追い詰められた末に相談に行っているのに、相談を受けた人が「それは自己責任ですよ」とか、「そのくらいは我慢しなさい」等と誤った「助言」をしてしまったら、その人は自殺リスクを著しく高めてしまいます。

そうならないために、私たち専門家が自殺問題への理解と研修を深める必要があります。

ここで、私が教えられた自殺の危険がある人に対する相談対応を紹介しておきたいと思います。

① 相談者を急がせず、「たいへんでしたね」、「頑張って来たのですね」等の適切な相槌を打つ。
② 相談者を否定したり、説教したり、叱責しない。
③ うつ病の人は頑張れないので、「弱音を吐かないで」、「頑張って」などと

いう励ましはしない。
④ 「ストレスが多い時は、ゆっくり休むのがいいです」、「眠れていますか」、「食事はとれていますか」など聞き、眠れていないとか食事が摂れていない時は医療や県や市の精神保健福祉センターの相談窓口に繋げる。紹介先を知らせるだけでは不十分で、電話を入れたり、問題の概要を説明したり、どのような対応をしてもらえるか確認をして相談機関と担当者名を本人に伝える。そしてその後も経過を聞くなどして連携していく。
⑤ 依存症のある人は、自助グループを紹介する。
⑥ 自死企図がより懸念される相談者への対応（TALKの原則）を憶えておく。
　T：Tell　誠実な態度で話しかける
　A：Ask　自殺する意思についてはっきり尋ねる
　L：Listen　傾聴する
　K：Keep safe　安全を確保する

　自死念慮者が話をしてくれた場合は、「よく話してくれましたね」などと率直に労う。
　「死にたい」と言われた時は、「あなたに死んでほしくありません。一緒に解決方法を考えて行きましょう」と伝える。できる限り次の日に予約を取るなどして、自殺の危険を可能な限り抑制する。
　本人に提案して了解を得て、県や市の精神保健福祉センターの相談窓口や心理・医療の専門家に繋ぐことが大切です。
　自殺された方は、社会を生きて来た苦しみの中でさまざまな要因により追い込まれた末に、出口の見えない暗い闇の中で明かりを見つけることができずに、生きる希望をなくされていったのだろうと思います。本当は生きたかった、生き続けたかったというメッセージを発信しながらも自殺されたことを心に刻み、寄りそう気持ちを持ち続けていきたいと思っています。

（椛島敏雅）

第5章　介　　護

Q22　介護保険制度とは何ですか？

　人は、年齢を重ねていくと、老化や病気、けがなどによって介護が必要な状態になる可能性が高くなります。介護保険制度は、人が介護が必要になったときに、家族だけに頼らず社会全体で支えて、安心して暮らしていけること（これを「介護の社会化」と言います）をめざして、2000年4月に始まった社会保険制度です。

　法律に基づき40歳以上のすべての方が原則として必ず介護保険に加入し、所得に応じて保険料を支払います。また、国や都道府県、市区町村は公費負担を、会社等は事業主負担を行い、介護保険の財源を担います。そして、老化、寝たきりや認知症などで支援や介護が必要と判定されると、ホームヘルパーやデイサービス、ショートステイなど、自宅で生活を続けながら受けられるサービスや、介護老人福祉施設等の施設への入所サービスなどを、介護保険からの給付を受けて利用できます。

1　介護保険の保険料は、どうやって払うのですか？

（1）65歳以上の方（第1号被保険者）

　保険料は、保険者である市区町村が3年ごとに決めます。

　年金の受給年額が18万円以上の方は、原則として年金から直接「天引き」されます。その他の方は納付書が送付されて納めます。

（2）40歳～64歳の方（第2号被保険者）

医療保険料に上乗せして納めます。なお平成29年8月から、第2号被保険者の保険料は、各医療保険者が報酬額に比例して負担する「総報酬割」が段階的に導入されることとなりました。

2 介護保険サービスを利用できるのは、どんな人ですか？

介護保険サービスを利用できるのは、65歳以上（第1号被保険者）で、介護が必要な方です。また、40歳～64歳（第2号被保険者）で、加齢に伴う老化が原因とされる病気（特定疾病）により介護が必要な方も対象です。

> 特定疾病とは次の16種類の疾病をいいます。
>
> 筋萎縮性側索硬化症・脳血管疾患・後縦靭帯骨化症・パーキンソン病関連疾患・骨折を伴う骨粗鬆症・糖尿病性神経障害、糖尿病性腎症及び糖尿病性網膜症・多系統萎縮症・閉塞性動脈硬化症・初老期における認知症・関節リウマチ・脊髄小脳変性症・脊柱管狭窄症・慢性閉塞性肺疾患・両側の膝関節又は股関節に著しい変形を伴う変形性関節症・早老症・がん末期

3 生活保護を受けている人も、介護保険に加入するのですか？

65歳以上で生活保護を受けている人も介護保険に加入し、介護保険料は、生活保護の生活扶助から給付されます。介護保険を利用した時の1割の自己負担分は、生活保護の介護扶助から給付されます。

40歳～64歳で医療保険に加入していない生活保護受給者は、原則介護保険の被保険者とはなりません。介護保険ではなく、生活保護制度の介護扶助の中で同様の介護サービスを受けることになります。

4 日本に在住する外国人も、介護保険に加入するのですか？

2012年に外国人登録法の廃止、住民基本台帳法の改正があり、適法に3ヶ月を超えて在留する外国人（中長期在留者、特別永住者等）は住民基本台帳の対象となり、40歳以上の方は介護保険の被保険者となります。この条件にあてはまる方は、日本人と同様、介護保険料も納め、介護保険サービスを受けることができます。

（小野啓輔）

Q23　介護保険サービス利用の手続きについて教えてください

1　介護が必要です。まず何をすればいいのですか？

（1）お住いの市区町村に介護保険証を添えて「要介護認定」を申請します。

申請書には主治医を記入する欄もあります。ケアマネジャーや地域包括支援センターに申請を代行してもらうこともできます。なお、ご本人の心身の状況や希望サービスによっては、「要介護認定」ではなく、より簡易な「基本チェックリスト」でサービスを利用できる場合もあります。

（2）市区町村からご自宅や入院先の病院等へ「認定調査員」が訪問し「認定調査」を行います。

認定調査員はご本人に、身体や認知機能、日常生活や医療など全国共通の74項目の質問をします。この時、普段の暮らしや心身の状態をそのまま見てもらうのが良いのですが、ご本人はプライドもあり、できないことをできると回答したり、調査の日だけ頑張って動いたりすることも多いので、ご家族に別途お話を聞くこともあります。質問項目以外で困っていることなどは特記事項で記録されます。

調査の所要時間は、概ね1時間程度です。認定調査と並行して、市区町村から主治医に、意見書の記入が依頼されます。

（3）市区町村で専門家による認定審査会が開かれ、「要介護度」が決まります。

要介護度は「その人の介護にどれだけ時間と手間が必要か」によって、軽い順に「非該当、要支援1、要支援2、要介護1から5」の8段階に区分されます。決定した要介護度と認定の有効期間、毎月利用できるサービスの支給限度額が記載された「認定結果通知」と「介護保険証」がご本人に郵送されます。要介護認定の申請から認定結果通知まで、概ね1ヶ月程度かかります。要介護度によって、利用できるサービスの種類や利用上限額が変わります。

要介護度の平均的な内容

要介護度	状態の目安	ひと月の区分支給限度額
非該当	日常生活が自立し、介助を必要としない。	0円
要支援1	日常生活の能力は基本的にあるが、片足立ちなど複雑な動作に何らかの支えが必要。	約5万30円
要支援2	身の回りの世話や移動に支えが必要。適切なサービス利用により、明らかな介護状態への移行を防ぐことができる可能性がある。	約10万4730円
要介護1	立ち上がりや移動に何らかの支えが必要。時々問題行動や理解低下がみられる。	約16万6920円
要介護2	身の回りの世話全般、排泄、食事、入浴などで介助を必要とする。	約19万6160円
要介護3	身の回りの世話、複雑な動作、排泄が自分一人ではできない。	約26万9310円
要介護4	身の回りの世話、排泄・入浴など多くの行為がほとんどできない。移動が自分一人ではできない。	約30万8060円
要介護5	生活全般について全面的介助が必要。	約36万650円

※2015年4月1日以降の介護報酬です。1単位10円で計算していますが、地域によって1単位あたりの単価は変わります。また、状態はあくまで目安です。確定したものではありません。

2　認定結果が納得できない場合は、どうすればいいですか？

　要介護認定の結果に納得がいかない場合、市区町村に問い合わせを行えば認定経緯の説明を受けることができます。また、認定調査の後に急激に状態が変化した場合などは、認定有効期間中であっても、申請により再調査・再認定ができることがあります。市区町村やケアマネジャー等にご相談ください。

　また、正式に決定された認定結果について、不服・取り消しを求めるには、「行政不服審査法に基づく審査請求制度」があります。通知を受けた翌日から3ヶ月以内に都道府県が設置している介護保険審査会に対して審査請求を行うことができます。なお、結果がでるまで数ヶ月程度かかることもあります。

第5章　介　護

3　認定通知が届きました。次は、どうすればいいのですか？

(1)　認定結果が、要介護1～要介護5の場合

【ステップ1　ケアマネジャーを選びます】

　　ケアマネジャーは、介護生活を一緒に考え支援してくれる専門家です。その費用は介護保険から給付され、利用者負担はありません。市区町村が「居宅介護支援事業所（ケアマネジャー）リスト」を作っていますが、どこのケアマネジャーと契約しても自由です。次の項目も参考に、相性の良いケアマネジャーを選んで契約しましょう。

①話をよく聴いてくれるか　②わかりやすく丁寧に説明してくれるか

③利用者の身になって最適な提案をしてくれるか　④評判がよいか

⑤所属している事業所以外のサービスもきちんと説明してくれるか

⑥フットワークが軽いか　⑦担当している人数が多すぎないか

【ステップ2　ケアプランを作り、介護サービスを契約します】

　　ケアプランは、いつ、どんな介護サービスを、どの程度利用するかを決めた計画書です。要介護度別に1ヶ月に介護保険で利用できるサービスの上限額が決まっており、その枠内で自分たちの状態や事情に合ったサービスの組み合わせを作ることが大切です。どんなことで困っているのか、これからどのように暮らしていきたいかなど、ご本人や家族の事情や希望をケアマネジャーにしっかり伝えましょう。ケアマネジャーは、介護サービス事業所に利用確認や調整を行い、ご本人・家族と各介護サービス事業所、医師・看護師などが参加した話し合いの場を持つなど、多角的にケアプランを立案していきます。最終的にご本人と家族にケアマネジャーが詳細を説明し合意の承認印を得られれば、ケアプランが完成となります。

　　また介護サービス事業所は、ご本人がその事業所を利用するかどうかの判断に必要な事項（事業所の概要、運営方針、営業時間、責任者名、サービス内容、利用料金、キャンセル料、緊急時の対応、苦情相談窓口など）を、契約前に文書（重要事項説明書）で示して同意を得ることが義務づけられています。契約内容が確認できたら、ご本人が署名・捺印して契約が成立し、サービス利用が始まります。なお、契約後も、もしサービスが気に入らなければ、ケアマネジャーと相談し他の事業所に変更することもできます。

【ステップ3　ケアプランの継続的な管理と見直しを行います】
　ケアマネジャーは、毎月1回ご本人を訪問して状況を確認・記録します。ケアプランは、作りっぱなしではなく、ご本人の心身の状況や家族の事情などの変化に伴い、変更・改善すべきところがないかを常にチェックしていくモニタリングが大切です。要介護度の変化や家族の事情等にあわせて、次回のケアプラン作成に反映します。

(2) 認定結果が、要支援1または要支援2の場合
　要支援1、要支援2の認定を受けたら、まず自宅近くの「地域包括支援センター」に連絡し、相談と手続きを行いましょう。地域包括支援センターの専門職員に、何が困っているのか、どんな支援が必要かを伝え、いつ、どんなサービスをどの程度利用するかを決めた「介護予防ケアプラン」を作成します。これに基づき、生活機能の維持・改善をめざす介護予防サービスや市区町村の総合事業サービスを利用します。

4　介護保険サービスの利用料は、どのくらいですか？

　介護保険では、要介護・要支援認定を受けると「1割または2割」の利用料で介護サービスを利用できます。従来はすべて1割でしたが、2015年8月から、65歳以上で一定以上の所得がある方（合計所得金額が160万円以上など）は、利用料が2割となりました。なお、40歳〜64歳の方は所得に関わらず1割負担です。また平成30年8月から、2割負担者のうち特に所得の高い方は、一定の所得以上の方がさらに3割負担となる予定です。

5　介護保険の利用料などが安くなる方法は、ないですか？

　次の4つの制度があります。いずれも要件が細かく決まっており制度改正も多いので、ケアマネジャー、地域包括支援センター、市区町村などに相談し、対象にならないか確認しましょう。

(1) 特定入所者介護（介護予防）サービス費
　介護保険施設に入所や短期入所した場合、利用料の他に、食費、光熱水費などの居住費（短期入所では滞在費）等が契約に基づき請求されます。この食費と居住費（滞在費）の一部について、低所得（全世帯員が住民税非課税など）の方を対象に、介護保険から「特定入所者介護（介護予防）サー

ビス費」が給付されます。事前にお住いの市区町村に申請し、「介護保険負担限度額認定証」の交付を受け事業所に提示する必要があります。

(2) 高額介護（介護予防）サービス費

　介護サービスの利用料（1割または2割の金額で同一世帯の居宅・施設サービスの合計額）が、所得に応じて決められたその世帯・個人の1ヶ月あたりの負担上限額を超えた場合、後日、市区町村に申請することで、「高額介護（介護予防）サービス費」として差額が払い戻しされます。

(3) 高額医療合算介護（介護予防）サービス費

　世帯単位で1年間（毎年8月から翌年7月まで）に支払った医療保険の自己負担額と介護保険サービスの利用料（1割または2割）との合計額が、所得に応じて決められた自己負担限度額を超えた場合、申請により「高額医療合算介護（介護予防）サービス費」が払い戻しされます。健康保険の高額療養費や介護保険での高額介護サービス費で還付を受けても、合算すると負担額が自己負担限度額を超えた場合には、さらに超過分が戻ってきます。

　高額医療合算介護（介護予防）サービス費は、毎年7月31日時点で、後期高齢者医療制度や国民健康保険に加入している場合はお住いの市区町村に、会社の組合健保、協会けんぽや共済組合等に加入している場合には、加入している医療保険者に申請します。

(4) 介護保険サービス利用による所得税の控除

　① 医療費控除……介護保険サービスのうち、訪問看護など医療系サービス、医療系サービスと福祉系サービスの併用、施設サービスなど、利用料を医療費控除に算定できるものがあります。また、概ね6ヶ月以上寝たきりの方で、継続治療を行う医師がおむつの使用を認めた場合、おむつの購入・リース費用が医療費控除に算定できます。介護保険サービス利用料とおむつ代の領収書、医師による「おむつ使用証明書」（2年目以降は簡易手続きあり）を添付して確定申告してください。

　② 障害者控除……身体障害者手帳、療育手帳、精神障害者保健福祉手帳が交付されていなくても、寝たきりや認知症の高齢者の場合に、市区町村に申請して「障害者控除対象者認定書」が交付されると、確定申告で障害者控除を受けることができます。

(小野啓輔)

コラム 　老老介護の経験から

　私は、当年とって92歳の老人です。勿論無職で、完全な年金生活者です。30年近くクレサラ対協の代表幹事をしておりましたが、「貸金業法」の成立を機会に引退を許してもらいました。一昨年家内を見送り、独居老人になるところ、息子が同居を申し出てくれて息子夫婦と孫の三人と同居しています。この家内が、亡くなるまで約15年アルツハイマー型認知症で、私は自宅で老老介護をしました。その経験を語れというのが、編集者からの要求です。自ら介護にかかわろうという人や、介護の問題を考えようという人の参考にという意図でしょうが、これには問題があります。

　第一に、介護をはじめたときに、キチンとした記録を残すべきだと思っていたのですが、生来怠け者の私はなんの記録も残していません。

　第二に、私が介護をしていたころと現在の法制度の間にかなりの介護制度の改悪があり、私の経験がすべて参考になるとはいえないことです。

　しかし、介護というものの本質には変わりがありませんし、おぼろげな記憶に頼った経験談も何ほどかのお役に立つと考えて、この文章を書くことにしました。介護に従事する人や介護について考えようとする方々に、多少のご参考になれば幸いです。

　家内が「おかしい」と言われたのは、15年ほど前、私は出られなかった姪の結婚式で、「帰る道がわからない」と言い出したのが最初です。そこで私は伝手をたどってアルツハイマー病に詳しい先生の診断を仰ぐことにいたしました。その結果は、やはりアルツハイマー病の初期だということで、そのころ出始めていた「アリセプト」という薬を処方していただきました。この薬は、アルツハイマー病を治療するのではなくて、進行をおくらせる効果しかありませんが、当時は画期的と言われていたものです。その後その先生に往診などしていただいていましたが、何分にも拙宅からは遠いので、先生のご紹介で近くの施設のお世話になることになりました。

　一つは、近くの介護ケアセンターでケアマネージャーをつけて貰い、介護保険の要介護認定を受けたことです。当初は要介護3だったかと思いますが、確かではありません。また自宅介護のプランをたててもらい、週に3回ぐらいヘルパーさんに来ていただくことになりました。

　二つ目は、これも比較的近くにある診療所兼通所リハビリセンターに週3回

通わせてもらえることになりました。

　これで我が家の老老介護は、まだ施行後あまり年月の立っていない「介護保険法」にもとづく自宅介護ということになりました。と言って、私には特別の覚悟があったわけではなく、二人暮らしの生活の中で一人が寝込んだ時には他方が面倒を見るのは当然、というぐらいの考えでした。

　家内の介護はそんなに難しいものではありませんでした。

　認知症介護における困難の一つとして徘徊がありますが、家内は日中戸外を徘徊することはありませんでした。ただ、しばしば夜中に目を覚まして家の中を徘徊しましたが、それには何とか対応できました。

　また、認知症患者は身辺の人を泥棒と誤認して、激しい敵意を示すことがあるともいわれていますが、幸いにして家内が私にそのような態度を示すことはありませんでした。ただ、デパートの外商のひとから宝石を買った時その人がその宝石を持ち帰って返さないという（事実ではない）メモを書いていたり、ヘルパーさんの一人が手の甲をつねられたことがあると話しくれたこともあります。

　そのうちにある日、家内が階段から転げ落ちるという事件がありました。幸い頭を強く打ったり、骨折したりということはなくて済みましたが、それ以来認知症の症状が急速に進みました。何よりも歩くことが難しくなって車椅子たよりになり、自宅ではほとんどベッド暮らしになりました（ベッドも車椅子も介護保険で比較的安くレンタルできました）。

　それで、ヘルパーさんの勧めで「障害者手帳」の申請をしたところ1級の認定を受けました（軽自動車税が免税になり、月にいくらかの手当てを貰えるようになりました）。通所リハビリも日曜以外毎日ということになり、私は、助手席が電動で外にせり出してくる軽自動車を買い朝夕の送り迎えをすることにしました。

　このころは、朝には8時にヘルパーさんが来てくれて、朝の身じまい（失禁が多かった）と着替えをさせて私の用意した食事をさせ、私と2人がかりで車に乗せ、私がリハビリセンターまで運転して行く。夕方は、3時過ぎに迎えに行き、ベッドに寝かせて待っていると、ヘルパーさんが来てくれて、着替えをさせ、私が用意した材料で食事を作って食べさせてくれる。と言うのが、ウィークデーの日常でした。日曜日は、私が一人で面倒を見ていました。

　そうしているうちにも、家内の症状は進み、自分では体を動かすこともできず、ものをいうこともできなくなってきました。他方では介護制度もかわり、従来は、ヘルパーさんが身体介護と家事介護とをしてくれていたのが、家事は私がいるからということで身体介護だけになりました。

また、家内は口から物を食べるのが難しくなり、医者の勧めで、胃にパイプをつけてそこから栄養剤を注入する「胃瘻」の手術を受けました。この手術は当時開発されて間もないもので、私はお医者さんのいわれるままに受け入れたのですが、その後その適否について多くの議論がなされたものです。とにかくこれで、口から入れるものは厳禁となり、家内の食事の用意からは解放されました。しかし、おいしいものを食べるのが大好きであった家内を知っているだけに、これは私にとってもつらいことでした。

　家内は、リハビリに通っている間も、時々肺炎を起こして入院していましたが、そのうちに、医者から、咽喉の切開手術をうけないと肺炎を防ぐことがむずかしい、と言われました。しかし、これには家族一同が反対で、ハッキリした返事をしないでいました。

　その代わりに、というわけではないのですが、少しあとになって、施設のソーシャルワーカーさんから、痰の吸入器を買ってまめに痰吸入をするようにいわれました。痰吸入器は4万円ほどでしたが、障害者手帳のおかげで1割の4千円で済みました。それからは、自宅にいる限り、家内が咳をするとこの機械で痰吸入をするのが大切な仕事になりました。咳は夜が多く、そのたびに起きて吸入をするのは大儀なこともありましたが、何とかこなせました。

　ある時、肺炎で入院した病院のソーシャルワーカーさんが、介護をしてくれる療養型の病院があるからしらべてみたら、というアドバイスをしてくれました。2、3の病院で話を聞き、空きができたらと頼んでおいたところ、その一つから知らせを貰いましたので、入院させることにしました。これで私は、老老介護の仕事からは解放され、大体1日おきに見舞いに行けばよいことになりました。見舞いに行ったときは、足腰をもんでやり、習っていた絵のデッサンを数枚持って行って見せてやったりしましたが、この時は眼を大きく見開いて見入っていました。

　こういう生活が6ヶ月ほど続いたある夜、病院から「容態が急変した」という電話があり、私の老老介護は完全におわりました。

　以上のような経験から、私は、次のような感想を持ちました。
① 自宅介護は仕事の片手間では難しい。
② 介護者は健康でないとつとまらない。
③ 経済的にある程度の余裕がないと難しい。

（甲斐道太郎）

第6章 児童福祉と子育て支援

Q24　児童福祉にはどんな制度がありますか？

　児童福祉は、主に児童福祉法に制度が定められており、ここでは法律の定めに沿って紹介します。

1　設置

（1）児童相談所
　児童相談所は、児童に関する家庭等からの相談のうち、専門的な知識及び技術を必要とするものに応じたり、児童の一時保護を行うことなどを目的として設置することとされています。

（2）保健所
　保健所は、母子保健対策等のため、児童の健康相談に応じ、または健康診査を行い、必要に応じ保健指導を行うなどの業務を行います。

2　障害児の支援

（1）小児慢性特定疾病医療支援
（2）障害児通所支援
①　児童発達支援
　　障害児につき、児童発達支援センター（111頁）等の施設に通わせ、日常生活における基本的な動作の指導、知識技能の付与、集団生活への適応訓練等の便宜を供与すること。

② 医療型児童発達支援

上肢、下肢または体幹の機能の障害のある児童につき、医療型児童発達支援センター（111頁）等の医療機関に通わせ、児童発達支援及び治療を行うこと。

③ 放課後等デイサービス

授業の終了後または休業日に児童発達支援センター等の施設に通わせ、生活能力の向上のために必要な訓練、社会との交流の促進その他の便宜を供与すること。

④ 保育所等訪問支援

保育所（110頁）等に通う障害児につき、当該施設を訪問し、当該施設における障害児以外の児童との集団生活への適応のための専門的な支援その他の便宜を供与すること。

(3) 障害児相談支援

支援計画の作成や関係者等の調整その他の便宜を図ること。

(4) 児童自立生活援助

住居で日常生活上の援助及び生活指導並びに就業の支援を行うこと。

(5) 障害児入所支援

障害児入所施設（111頁）に入所する障害児に対して行われる保護、日常生活の指導及び知識技能の付与並びに治療。

3 保育子育ての支援

(1) 保育事業

① 小規模住居型児童養育事業

保護者のない児童または保護者に監護させることが不適当であると認められる児童の養育に関し相当の経験を有する者等の住居において養育を行う事業。

② 家庭的保育事業

家庭において必要な保育を受けることが困難である乳児等について、家庭的保育者が行う研修を修了した保育士等の居宅などで保育を行う事業。

③ 小規模保育事業

保育を必要とする乳児等を施設において保育を行う事業。

④　居宅訪問型保育事業

保育を必要とする乳児等を居宅において家庭的保育者による保育を行う事業。

⑤　事業所内保育事業

保育を必要とする乳児等について、事業者等が設置する施設において保育を行う事業。

（2）子育て支援事業

①　放課後児童健全育成事業

小学校に就学している児童で保護者が昼間家庭にいない場合、授業の終了後に児童厚生施設（111頁）等の施設を利用して適切な遊び及び生活の場を与える事業。

②　子育て短期支援事業

保護者の疾病等により家庭において養育を受けることが一時的に困難となった児童について、児童養護施設（111頁）等に入所させ必要な保護を行う事業。

③　乳児家庭全戸訪問事業

区域内における原則としてすべての乳児のいる家庭を訪問し、情報の提供、養育環境の把握、養育についての相談に応じ、助言その他の援助を行う事業。

④　養育支援訪問事業

乳児家庭全戸訪問事業の実施その他により把握した保護者の養育を支援することが特に必要と認められる児童や、保護者に監護させることが不適当な児童及びその保護者、出産後の養育について出産前において支援を行うことが特に必要と認められる妊婦に対し、その養育が適切に行われるよう、当該要支援児童等の居宅において、養育に関する相談、指導、助言その他必要な支援を行う事業。

⑤　地域子育て支援拠点事業

乳児等やその保護者が相互の交流を行う場所を開設し、子育てについての相談、情報の提供、助言その他の援助を行う事業。

⑥　一時預かり事業

家庭において保育を受けることが一時的に困難となった乳児等を、主と

して昼間、保育所などで一時的に預かり必要な保護を行う事業。
⑦　病児保育事業
　　保育を必要とする乳児等や児童で疾病にかかっている場合に保育所などで保育を行う事業。
⑧　子育て援助活動支援事業
　　児童を一時的に預かり必要な保護を行うこと、または児童が円滑に外出することができるよう、その移動を支援することの援助を受けることを希望する者と当該援助を行うことを希望する者との連絡及び調整、その他の必要な支援を行う事業。
(3) 里親
都道府県知事が児童を委託する者として適当と認めるものが、保護者のない児童または保護者に監護させることが不適当であると認められる児童を養育することです。

4　児童福祉施設

児童福祉法が規定する児童福祉施設は以下のとおりです。
(1) 助産施設
経済的理由により入院助産を受けることができない妊産婦の助産を受けさせる施設。
(2) 乳児院
乳児を入院、養育し、あわせて退院した者の相談その他の援助を行う施設。
(3) 母子生活支援施設
配偶者のない女子と監護すべき児童を入所させ保護するとともに、自立の促進のためにその生活を支援し、あわせて退所した者について相談その他の援助を行う施設。
(4) 保育所
保育を必要とする乳児・幼児を日々保護者の下から通わせて保育を行うことを目的とする施設（利用定員が20人以上であるものに限り、幼保連携型認定こども園を除く）。
(5) 幼保連携型認定こども園
乳児・幼児に対する保育を一体的に行い、健やかな成長が図られるよう適

当な環境を与えて心身の発達を助長することを目的とする施設。
(6) 児童厚生施設
　児童遊園、児童館等児童に健全な遊びを与えて、その健康を増進し、または情操をゆたかにすることを目的とする施設。
(7) 児童養護施設
　保護者のない児童、虐待されている児童等を入所させ、養護し、あわせて退所した者に対する相談その他の自立のための援助を行う施設。
(8) 障害児入所施設
　保護、日常生活の指導及び独立自活に必要な知識技能の付与または治療を行う施設。
(9) 児童発達支援センター
　日常生活における基本的動作の指導、独立自活に必要な知識技能の付与または集団生活への適応のための訓練または治療を行う施設。
(10) 情緒障害児短期治療施設
　軽度の情緒障害を有する児童を、短期間入所させるなどしてその情緒障害を治し、あわせて退所した者について相談その他の援助を行う施設。
(11) 児童自立支援施設
　不良行為をなし、またはなすおそれのある児童や家庭環境等の理由により生活指導等を要する児童を入所させるなどして、個々の児童の状況に応じて必要な指導を行い、その自立を支援し、あわせて退所した者について相談その他の援助を行う施設。
(12) 児童家庭支援センター
　地域の児童の福祉に関する各般の問題につき、児童に関する家庭その他からの相談のうち、専門的な知識及び技術を必要とするものに応じ、必要な助言を行うとともに、市町村の求めに応じ、技術的助言その他必要な援助、指導を行い、あわせて児童相談所、児童福祉施設等との連絡調整等の援助を総合的に行うことを目的とする施設。

5　各種手当

　その他、他法と合わせ、各種手当（児童手当、児童扶養手当、特別児童扶養手当等）の制度も整備されています。

6 要保護児童の保護措置等

　要保護児童を発見した者は、これを福祉事務所または児童相談所に通告しなければならないとされ、一定の措置を執ることが求められています。これは児童虐待の防止施策、社会的養護施策とも関わります。

（常岡久寿雄）

民生委員はこんな仕事をしています

　一般に「民生委員」と呼ばれている私たちは、正式には民生・児童委員と言います。

　厚生労働大臣と都道府県知事から委嘱を受けた無報酬のボランティアとして、担当地域の生活上の心配ごとや悩みごとを抱える方たちの身近な相談相手となっています。そして相談の内容に応じて適切な関係機関による支援への「つなぎ役」になります。もちろん、法律によって相談内容の守秘義務が厳しく定められているため、相談者の秘密は守ります。子育てに不安、生活費がない、介護に疲れている、独居生活が不安……等々、一人で抱えていないで何でも相談してください。

　また、私たちは、社会福祉協議会などの社会福祉団体の活動を支援したり、関係行政機関の業務に協力するなど、住民の福祉の増進を図る活動もしています。敬老の集い・各種サロン・大規模な地域のイベントなどにも参加しますし、各種事業の対象者への希望調査をするのは、そのためです。中でも、各種証明事務を行っていることは、あまり知られていませんが重要な業務の一つです。ひとり親家庭の証明や無職・生計同一・生活困窮・就学困難などの証明をしています。

　私の住んでいる市域には、現在177名の民生委員がおり、民生委員児童委員協議会を組織し、一日里親、一泊里親、親子向けイベントなど、各種の独自事業も行っています。

　なお、民生・児童委員の中には、児童福祉を専門的に担当する主任児童委員もいます。

（大阪府内のとある市の民生委員）

第6章　児童福祉と子育て支援

Q25 児童手当と児童扶養手当の仕組みはどうなっていますか？

児童手当と児童扶養手当。

ほぼ同じような字面ですので誤解をしやすいのですが、もちろん異なる制度です。

児童手当は「児童手当法」により、児童扶養手当は「児童扶養手当法」により、それぞれ支給内容や条件が定められています。

1　児童手当

(1)　支給対象の児童

0歳から中学校卒業まで（15歳の誕生日後の最初の3月31日まで）の、海外留学中の場合などを除き国内に住所を有している児童。

(2)　支給対象の養育者

上記児童を養育し、日本国内に住所を有している家庭（母子家庭の方、父子家庭の方、そうでない方も）。

(3)　月額（児童1人あたり）

　3歳未満　　一律1万5000円

　3歳以上小学校終了前　　1万円（第3子以降は1万5000円）

　中学生　　一律1万円

　※ただし、児童を養育している方の所得が児童手当の所得制限限度額以上の場合は、特別給付として月額一律5000円。

　※「第3子以降」とは、高校卒業まで（18歳の誕生日後の最初の3月31日まで）の養育している児童のうち、3番目以降。

(4)　支給月

2月（10月～1月分）、6月（2月～5月分）、10月（6月～9月分）

　※下記の請求をした翌月分から支給されます。

(5)　申請手続

　自動的には支給されません。市町村窓口でご自身で請求手続をする必要があります。

出生、転入等によって新たに受給資格が生じた場合、お住まい（転入先）の市区町村の窓口（公務員の場合は勤務先）に「認定請求書」を提出します。

市区町村の認定を受ければ、原則として、申請した月の翌月分の手当から受給することができます（出生日や転入した日（異動日）が月末に近い場合、申請日が翌月になっても異動日の翌日から15日以内であれば、申請月分から手当を受けることができます）。

ただし、さかのぼって請求することはできません。

(6) 現況届

毎年6月1日現在の状況を確認するためのもので、6月分以降（翌年5月分まで）の手当の支給の可否等を判断されます。

現況届の提出をしなかった場合、6月分以降の手当の支給が差し止められますので、必ず提出してください。

(7) 所得制限

「給与所得－控除額－8万円」が一定額を超える場合、特例給付として子ども1人あたり月額一律5000円のみが支給されます。右の表を参照してください。

扶養人数	所得制限限度額	収入額の目安
0人	622万円	833.3万円
1人	660万円	875.6万円
2人	698万円	917.8万円
3人	736万円	960.0万円
4人	774万円	1002.1万円
5人	812万円	1042.1万円

2　児童扶養手当

(1) 支給対象の児童
- 父母が離婚（事実婚の解消を含む）した後、父又は母と生計を同じくしていない児童
- 父又は母が死亡した児童
- 父又は母が政令で定める障害の状態にある児童
- 父又は母から1年以上遺棄されている児童
- 父又は母が法令により引き続き1年以上拘禁されている児童
- 父又は母が裁判所からのDV保護命令を受けた児童
- 船舶や飛行機の事故等により、父又は母の生死が3ヶ月以上明らかでない児童

- 婚姻（事実婚を含む）によらないで生まれた児童（事実婚とは、婚姻届を提出していない男女の間に社会通念上夫婦としての共同生活と認められる事実関係が存在することをいいます）
- 棄児などで、母が児童を懐胎した当時の事情が不明である児童

　ただし、以下の①〜③に該当する方は、手当を受けることができません。
① 　申請する方や児童が日本国内に住所を有しないとき
② 　児童が児童福祉施設等（母子生活支援施設などを除く）に入所しているとき
③ 　児童が父又は母の配偶者（事実上の配偶者を含み、政令で定める障害の状態にある者を除く）に養育されている、もしくは生計を同じくしているとき

(2) 支給対象の養育者

　前記の児童（18歳の誕生日の後の最初の3月31日までの間にある者、障害児については20歳未満の者）を監護する母又は当該児童を監護し、かつ、当該児童と生計を同じくする父、もしくは、父又は母にかわってその児童を養育している方。

(3) 月額

支給額（2017年4月以降）（10円刻みで変動）

児童数	全部支給	一部支給
1人	4万2290円	4万2280円から9980円
2人	9990円を加算	9980円から5000円を加算
3人以上	1人増加するごとに5990円を加算	5980円から3000円を加算

(4) 支給月

　4月（12〜3月分）、8月（4〜7月分）、12月（8〜11月分）に支給されます。

(5) 申請手続

　お住まいの市町村窓口で請求の手続をする必要があります。

　児童扶養手当は、原則として認定請求をした日の属する月の翌月から（3月に請求した場合は4月分から）支給されます。

　また現況届の提出も必要です。受給者の前年の所得の状況と8月1日現

在の児童の養育の状況を確認するためのもので、提出がないと8月以降の手当の支給を受けることができません。

(6) 所得制限

「給与所得＋養育費の8割相当額－控除額－8万円」と計算し、「受給者本人」の「一部支給」欄及び「扶養義務者・配偶者・孤児等の養育者」欄の限度額以上の場合、手当の全額が停止されます（一部支給はありません）。なお、所得制限限度額は年によって変更されることがあります。

「所得」とは、収入から必要経費（給与所得控除等）の控除を行い、養育費の8割相当を加算した額です。所得額は、前年分の所得（ただし、1月～6月までに認定請求した場合は前々年の所得）を適用します。

なお、これまで公的年金等（老齢年金、遺族年金、障害年金等）を受給する方は児童扶養手当を受給できませんでしたが、2014年12月以降は、公的年金額給付等の額が児童扶養手当の額より低い方は、その差額分の児童扶養手当を受給できるようになりました。

扶養数	受給者本人		扶養義務者・配偶者等の養育者
	全部支給	一部支給	
0	19万円	192万円	236万円
1	57万円	230万円	274万円
2	95万円	268万円	312万円
3	133万円	306万円	350万円
4	171万円	344万円	388万円
5	209万円	382万円	426万円

（常岡久寿雄）

Q26 母子（父子）家庭に対する支援にはどのようなものがありますか？

　経済的に不安定になりがちな母子（父子）家庭を支援する制度として、以下のとおり各種手当や減免・割引制度等があります。

　これらの中には、母子（父子）家庭に特有な制度もありますが、母子（父子）家庭に限らず収入等が利用の要件になっている制度もあります。

　また、国の制度ではなく、市区町村の制度もあります。そもそも実施していない市区町村や実施していても要件等が各市区町村で異なります。お住まいの市区町村に確認していただく必要があることにご留意ください。

1　手当等

（1）児童扶養手当　→　第6章Q25を参照してください。

　母子又は父子家庭が対象です。

（2）児童手当　→　第6章のQ25を参照してください。

　　※児童扶養手当と児童手当は、その制度趣旨、対象者等異なる制度ですので要件に合えば両方受給することができます。

（3）児童育成手当

　父母の離婚、父又は母の死亡・生死不明、法律婚以外での出生、父又は母がＤＶ保護命令を受けた等の状況にあり、18歳に達した年度末（3月31日まで）までの児童がいる母子又は父子家庭が対象です。

　児童一人につき、月額1万3500円が支給されます。

　但し、所得制限があります。

　相談窓口は、各市町村の子育てに関する部署です。

（4）特別児童扶養手当　→　第6章のQ27を参照してください。

（5）遺族年金　→　第2章のQ11を参照してください。

（6）生活保護　→　第7章を参照してください。

（7）母子家庭・父子家庭の住宅手当

　民間アパートに居住する母子家庭等に対し家賃の一部を補助する制度です。これは国の制度ではなく、市区町村の制度になりますが、実施していな

い市区町村もあります。支給要件等は、各市区町村により異なりますので、お住まいの市区町村にご確認ください。

(8) 医療費の助成

一人親家庭で、18歳未満の子どもを扶養している保護者とその子どもが医療機関にかかった場合、医療機関窓口で負担した保険診療分の一部を助成する制度です。これは国の制度ではなく、市区町村の制度になりますが、実施していない市区町村もあります。支給要件等は、各市区町村により異なりますので、お住まいの市区町村にご確認ください。

(9) 子どもの医療費助成

子どもにかかった医療費の一部を助成する制度ですが、国の制度ではなく、市区町村の制度です。助成の対象になる子どもの年齢や助成の条件等は各市区町村によって異なります。詳細はお住まいの市区町村にお問い合わせください。

(10) 就学援助制度

経済的理由によって就学困難と認められる学齢児童生徒の保護者に対して、市町村が、給食費や学用品費等の費用の一部を援助する制度です。援助を希望される場合は、お子さんが通っている学校に申請することになりますが、援助を受けることのできる要件等は市町村によって異なります。申請手続き等につきましては、お子さんが通っている学校または市町村教育委員会にお問い合わせください。

2 減免・割引制度

(1) 所得税、住民税の減免制度

原則として、収入を得ている人には、所得税、住民税が課されますが、母子家庭・父子家庭で以下の要件に該当する人は、所得控除として「寡婦・寡夫控除」を受けることができます。

① 寡婦控除の要件（控除できる金額は27万円です）
  ・夫と死別もしくは離婚した後に婚姻していない人または夫の生死が不明の人で、扶養親族あるいは生計を同じくする子ども（総所得金額が38万円以下）がいる人
  ・夫と死別した後に婚姻していない人または夫の生死が不明の人で合計所

得金額が500万円以下の人（扶養親族等の要件はありません）
② 特定寡婦控除の要件（控除できる金額は35万円です）
　上記寡婦に該当する人が、さらに次の要件をすべて満たす場合は、27万円にプラスして8万円の控除を受けることができます。
・夫と死別または離婚した後に婚姻していない人や夫の生死が不明な人
・扶養親族である子どもがいる
・受給者本人の合計所得金額が500万円以下
③ 寡夫控除の要件（控除できる金額は27万円です）
・妻と死別もしくは離婚した後に婚姻していない人または妻の生死が不明の人
・生計を同じくする子どもがいる
・合計所得金額が500万円以下

※尚、「寡婦・寡夫控除」は既婚が前提となる制度で、原則未婚者には適用されませんが、保育料の算出等において既婚者と未婚者の負担が異ならないように「寡婦・寡夫控除のみなし適用」を実施している市区町村が増えてきていますので、お住まいの市区町村にご確認ください。

(2) 国民年金保険料の免除制度
　母子家庭等特有の制度ではなく収入が少ない人のために設けられている制度です。世帯主の前年所得が一定の額以下の場合等に保険料の納付が全額又は一部免除になる「免除制度」と、50歳未満で前年所得が一定の額以下の場合で今は失業中だけれど就職できれば支払える等という場合の「猶予制度」があります。
　国民年金保険料が支払えないからといって正式に上記免除・猶予制度の手続きをしないと将来年金を受け取ることができなくなったり、未払保険料を一括で支払わなければならない場合も生じますので、お住まいの市区町村の窓口や年金事務所にご相談ください。

(3) 国民健康保険料の免除制度
　国民年金と同様、母子家庭等特有の制度ではなく収入が少ない人等のために設けられている制度です。国が法律で定めている「減額制度」と市区町村が条例で定めている「減免制度」があります。
　前者は、前年の所得が一定の額以下の場合に自動的に減額され申請の必要

はありません。但し確定申告をしておくことは必要です。

　後者は、前年の所得が一定の額以下で国の減額制度を受けていない人が対象になります。収入の減少や災害等の理由で保険料の支払いが困難な場合に受けられますが申請が必要です。

　必要書類等はケースによって異なりますので、お住まいの市区町村の窓口にお問い合わせください。

(4) 交通機関の割引制度

　児童扶養手当を受給されている方やその方と同一世帯員の方で通勤のために定期券が必要な場合に、ＪＲの窓口に証明書を添えて申込むと定期券を割引の値段で購入できます。証明書の申請窓口はお住まいの市区町村になります。また、市区町村によっては、他の交通機関の割引制度を設けている場合があります。詳細はお住まいの市区町村にお問い合わせください。

(5) 粗大ごみ等処理手数料の減免制度

　生活保護・児童扶養手当・特別児童扶養手当等を受給されている場合、粗大ごみ等有料で処理するごみの処理手数料が減額又は免除されます。減額又は免除の要件等は各市区町村によって異なりますので、お住まいの市区町村にお問い合わせください。

(6) 上下水道の減免制度

　生活保護・児童扶養手当・特別児童扶養手当等を受給されている場合、水道・下水道料金を減免する制度です。減額又は免除の要件等は各市区町村によって異なりますので、お住まいの市区町村にお問い合わせください。

(7) 保育料の免除と減額

　一人親家庭、生活保護を受給している家庭等の保育料が減額又は免除になります。減額又は免除の要件や申請手続き等は各市区町村によって異なりますので、お住まいの市区町村にお問い合わせください。

3　母子（父子）家庭自立支援給付金事業

(1) 自立支援教育訓練給付金

　母子家庭の母または父子家庭の父で、20歳に満たない子どもを扶養し、以下の要件をすべて満たす方が、対象となる教育訓練を受講し終了した場合に、経費の60％（1万2000円以上で20万円を上限）が支給されます。

・児童扶養手当の支給を受けているかまたは同等の所得水準にあること。
・就業経験、技能、資格の取得状況や労働市場の状況等から判断して、当該教育訓練が適職に就くために必要であると認められること。

(2) 高等職業訓練促進給付金等事業

　母子家庭の母または父子家庭の父で、20歳に満たない子どもを扶養し、以下の要件をすべて満たす方が、対象となる資格取得のために1年以上養成機関で修業する場合に、修業期間中の生活の負担軽減のために、高等職業訓練促進給付金が支給されるとともに、入学時の負担軽減のため、高等職業訓練修了支援給付金が支給されます。

・児童扶養手当の支給を受けているかまたは同等の所得水準にあること。
・養成機関において1年以上のカリキュラムを修業し、対象資格の取得が見込まれること。
・仕事または育児と修業の両立が困難であること。

```
支給額と期間
　高等職業訓練促進給付金
　　【支給額】　月額10万円（市町村民税非課税世帯）
　　　　　　　月額7万500円（市町村民税課税世帯）
　　【支給期間】修業期間の全期間（上限3年）
　高等職業訓練修了支援給付金
　　【支給額】　月額5万円（市町村民税非課税世帯）
　　　　　　　月額2万5000円（市町村民税課税世帯）
　　【支給期間】終了後に支給される
```

　尚、詳細につきましては、お住まいの市（町村在住の方は都道府県）の児童（一人親家庭）福祉担当部署にお問い合わせください。

（和田洋子、野澤貞人）

Q27 障害がある子どもに対する支援内容を教えてください

　障害には、身体障害、知的障害、精神障害、発達障害があります。それぞれ、18歳未満を障害児、18歳以上を障害者として各制度等が用意されています。
　また、制度の利用に関して、必ずしも障害者手帳が必要となるわけではありません。医師の診断書等で対応できることもありますので、詳細は各自治体の窓口までご確認ください。なお、発達障害には発達障害者手帳はありません。
※以下の内容はいずれも滋賀県野洲市の場合となります。

障害者手帳制度

身体障害者手帳
身体に一定程度以上の永続する障害を有する場合、本人または保護者の申請に基づいて交付され、各種の制度を利用するための基本となります。 県の指定医が診断した診断書が必要です。 1・2級（重度身体障害者）3・4級（中度身体障害者）5・6級（軽度身体障害者）

療育手帳
知的障害のある方に一貫した指導・助言を行うことと、福祉の援護を受けやすくするため、本人または保護者の申請に基づいて交付されるもので各種の制度を利用するための基本となります。 障害の程度を確認するため、18歳未満は滋賀県中央子ども家庭相談センター、18歳以上は滋賀県知的障害者更生相談所において判定します。 A1（最重度）　A2（重度）　B1（中度）　B2（軽度）

精神障害者保健福祉手帳
精神疾患を有する方のうち、日常生活や社会生活に制約のある方を対象に交付し、他の障害者と同様のサービスの拡充を図るための基本となります。 精神疾患と日常生活や社会生活での障害者の両面から総合的に判定されます。 1級：日常生活が一人ではできない状態（他人の支援が必要） 2級：必ずしも他人の支援を借りる必要はないが、日常生活が困難な状態 3級：日常生活・社会生活上の制約があるが、ある程度働ける状態

1 障害者手帳を取得したい、障害に関する一般的な相談がしたい

障害のある人の福祉に関するさまざまな問題について、障害のある人等からの相談に応じ、必要な情報の提供、障害福祉サービスの利用支援等を行うほか、権利擁護のために必要な援助も行います。
相談窓口：市町村（又は市町村から委託された指定特定相談支援事業者、指定一般相談支援事業者）

2 医療費が心配です

(1) 自立支援医療

自立支援医療制度は、心身の障害を除去・軽減するための医療について、医療費の自己負担額を軽減する公費負担医療制度です。

自立支援医療制度	育成医療（18歳未満）	児童福祉法第4条第2項に規定する障害児（障害に係る医療を行わないときは将来障害を残すと認められる疾患がある児童を含む。）で、その身体障害を除去、軽減する手術等の治療によって確実に効果が期待できる者に対して提供される、生活の能力を得るために必要な自立支援医療費の支給を行うものです。 ※世帯の所得等により一部自己負担あり。
	更生医療（18歳以上）	身体障害者福祉法第4条に規定する身体障害者で、その障害を除去・軽減する手術等の治療によって確実に効果が期待できるものに対して提供される、更生のために必要な自立支援医療費の支給を行うものです。 ※世帯の所得等により一部自己負担あり。
	精神通院医療	精神保健及び精神障害者福祉に関する法律第5条に規定する統合失調症、精神作用物質による急性中毒、その他の精神疾患（てんかんを含む。）を有する者で、通院による精神医療を継続的に要する病状にある者に対し、その通院医療に係る自立支援医療費の支給を行うものです。 　通院、薬局、往診、デイケア、訪問看護等に利用することができ、自己負担が1割になり、さらに世帯の収入等に応じて上限額が設けられ負担の軽減が図られます。 ※精神障害者保健福祉手帳（1・2級）を所持していれば、精神科通院医療費助成制度（通称マル精）が使え、自己負担分（1割）分が助成され無料となります。

(2) 福祉医療費助成制度：通称マル福

　対象者の保健の向上及び福祉の増進を図るため、病院等で要した医療費の自己負担分を助成する制度です。乳幼児を除いて、本人、配偶者、扶養義務者に一定の所得のある場合は対象とならない場合があります。

対象者	備　考
乳幼児	出生から小学校就学前までの乳幼児
小・中学生	重度心身障害者（児）、母子家庭、父子家庭に該当しない小・中学生（入院のみ）
重度心身障害者	身体障害者手帳の交付を受け、障害の程度が1、2、3級の方 知的障害の程度が重度と判定された方 特別児童扶養手当の支給対象児童で障害の程度が1級の方 精神障害者保健福祉手帳1、2級所持者で自立支援医療費（精神通院医療に限る）の支給認定を受けている方（公費負担に伴う自己負担分を助成）
母子家庭	配偶者のない女子が18歳未満の児童（18歳到達後、最初の3月31日までの間は18歳未満とみなす）を扶養しているとき、その母と児童 父母のない児童についても、母子家庭の対象者として助成
父子家庭	配偶者のない男子が18歳未満の児童（18歳到達後、最初の3月31日までの間は18歳未満とみなす）を扶養しているとき、その父と児童

3　何かもらえる手当などはないですか？

障害児福祉手当	
20歳未満の在宅の重度心身障害児で日常生活において、常時介護を必要とする方に対して支給します（年4回支給）。	
対象	身体障害者手帳の1級（2級の一部を含む）程度の障害、または精神の障害および身体障害と精神の障害が重複する場合等であって、その状態が上記と同程度以上あると認められる方（所得制限あり）。
手当月額	1万4580円(2017年4月現在)

特別児童扶養手当	
20歳未満の在宅の法令により定められた程度の障害の状態にある心身障害児を養育している父母または養育者に手当を支給します（年3回支給）。	
対象	おおむね身体障害者3級（一部4級）以上または知的障害中度以上の方（所得制限および公的年金の受給による制限あり）。
手当月額	1級5万1450円／月　2級3万4270円／月（2017年4月現在）

特別障害者手当	
20歳以上の在宅の重度障害者で、常時特別の介護を必要とする方に支給します（年4回支給）。	
対象	障害基礎年金の1級程度の障害が重複しているのと同程度の障害のある方（所得制限あり）施設入所者および3ヶ月以上の病院への入院者は対象外。
手当月額	2万6810円（2017年4月現在）

4　税金などが控除されると聞いたのですが

　障害の程度や生活実態に応じて、所得税、住民税等の場合、所得控除がされます。相続税、贈与税なども控除されます。自動車税や自動車取得税、軽自動車税は減免がされます。詳しくは税務署、各市の税務課までお問合せください。

5　毎日の生活の支援はどういった内容がありますか？

　障害児・者の障害福祉サービスについては障害者総合支援法に基づき、各事業等が用意されています。
　詳しくは、厚生労働省発行の障害福祉サービスの利用のパンフレットをご覧ください。
　なお、障害児のサービスは児童福祉法に基づき実施されますので、「Q24 児童福祉にはどんな制度がありますか？」をご参照ください。
　ちなみに、障害者の場合は以下のようなサービスがあります。

■福祉サービスに係る自立支援給付等の体系

1 介護給付

① 居宅介護（ホームヘルプ）	自宅で、入浴、排せつ、食事の介護等を行います。
② 重度訪問介護	重度の肢体不自由者又は重度の知的障害もしくは精神障害により、行動上著しい困難を有する人で常に介護を必要とする人に、自宅で、入浴、排せつ、食事の介護、外出時における移動支援などを総合的に行います。
③ 同行援護	視覚障害により、移動に著しい困難を有する人に、移動に必要な情報の提供（代筆・代読を含む）、移動の援護等の外出支援を行います。
④ 行動援護	自己判断能力が制限されている人が行動するときに、危険を回避するために必要な支援や外出支援を行います。
⑤ 重度障害者等包括支援	介護の必要性がとても高い人に、居宅介護等複数のサービスを包括的に行います。
⑥ 短期入所（ショートステイ）	自宅で介護する人が病気の場合などに、短期間、夜間も含め施設で、入浴、排せつ、食事の介護等を行います。
⑦ 療養介護	医療と常時介護を必要とする人に、医療機関で機能訓練、療養上の管理、看護、介護及び日常生活の支援を行います。
⑧ 生活介護	常に介護を必要とする人に、昼間、入浴、排せつ、食事の介護等を行うとともに、創作的活動又は生産活動の機会を提供します。
⑨ 障害者支援施設での夜間ケア等（施設入所支援）	施設に入所する人に、夜間や休日、入浴、排せつ、食事の介護等を行います。

2 訓練等給付

① 自立訓練	自立した日常生活又は社会生活ができるよう、一定期間、身体機能又は生活能力の向上のために必要な訓練を行います。機能訓練と生活訓練があります。
② 就労移行支援	一般企業等への就労を希望する人に、一定期間、就労に必要な知識及び能力の向上のために必要な訓練を行います。
③ 就労継続支援（A型＝雇用型、B型＝非雇用型）	一般企業等での就労が困難な人に、働く場を提供するとともに、知識及び能力の向上のために必要な訓練を行います。雇用契約を結ぶA型と、雇用契約を結ばないB型があります。
④ 共同生活援助（グループホーム）	共同生活を行う住居で、相談や日常生活上の援助を行います。また、入浴、排せつ、食事の介護の必要性が認定されている方には介護サービスも提供します。さらに、グループホームを退居し、一般住宅等への移行を目指す人のためにサテライト型住居があります。※ ※平成26年4月1日から共同生活介護（ケアホーム）はグループホームに一元化されました。

厚生労働省発行「障害福祉サービスの利用について　平成27年4月版」より

　これ以外にも、地域の実情に応じた柔軟な事業形態での実施が可能となるよう地域生活支援事業というものがあります。
　その中でも、日中において監護する者がいないため、一時的に見守り等の支援が必要な障害者等の日中における活動の場を確保し、障害者等の家族の就労支援及び障害者等を日常的に介護している家族の一時的な休息（レスパイト）を図るための日中一時支援事業などもあります。
　ほかにも長期休暇中のホリデー事業など各自治体によってさまざまな事業が実施されていますので、まずは各自治体へご相談ください。　　　（宇都宮誠実）

手探りのこども食堂

　2016年9月17日に「こども食堂」の開所式を行い、10月から本格的スタートをしました。
　金沢市では、こども食堂の知名度は低いとの認識で、私としてはかつてない目立つことをもくろんだ開所式にしました。
　馳前文部科学大臣、岡田元財務政務官、下沢前石川県議会議長、連合石川会長等を来賓として招いてのテープカット、そのことを踏まえたマスコミ対応をしました。
　その結果、上記の方に加えて、金沢市福祉総務課長・金沢市議、地元連合町会会長・地元町会長をはじめ多数の方が開所式に参加をしてくださいました。
　開所式を終えても、実際にこども食堂に子どもは来てくれるのだろうか、との不安でいっぱいでした。
　もちろん、金沢市にも、こども食堂を必要としている方々がいるのは間違いないとの、確信にも似た気持ちがありましたが、そのことと現実にこども食堂に集まってくれるかどうかは別ものとの想いがありました。
　当法人は、貧困問題に取り組むことを目的としてはいますが、具体的な活動は生活困窮者支援に限定され、貧困問題そのものに取り組むことはできていませんでした。その理由の一つは、将に財政困窮団体であったからですが、28年3月に北陸労働金庫から30万円の助成金を得ることができたのがきっかけで、一気に、こども食堂開設に動き出しました。
　とはいっても活動拠点を確保するのが第一関門となりました。
　校下の公民館を第1候補として、接触を行いましたが、使用上の制限が多く、費用も安くはないということで候補から脱落しました。
　次の候補は、私の先輩司法書士が事務所を開いていたビルです。先輩司法書士が亡くなってから、久しく経っており、空きビルのままでありましたので、相続人の方に破格の賃料で貸していただけないかとの打診を行いました。長い期間入居者が無かったということもあって、相場よりはかなり安い賃料で貸していただけることとなりました。
　場所の確保の次は、消防署・保健所との問題がありました。
　古いビルのうえ、居宅用の建物であったため、多くの人が集まる、あるいは多くの人に食事を提供するということでの問題点がありましたが、いずれも、何とかクリアできました。
　こども食堂の最大の難関は資金の安定確保です。
　格安の賃料とはいえ、光熱費などを加えると年間最低維持費96万円が必要とな

ります。

　2016年度分は勢いで何とかしました。

　次の課題は、食材確保であり、食器の確保そしてボランティアの確保問題です。これらの事に関しては、本当に世の中に隠されている善意の存在に驚かされました。

　ある労働組合関係者の方にこの話をしたら、わかったと翌日30キロの玄米の提供していただけました。更に新神田合同庁舎の守衛の方から、たくさんの野菜の提供を匿名でいただきました。

　卵を毎月200個提供いただくこととなりました。玄米30キロはその後も数名の方から提供いただき、新米時まで大丈夫との想いから、必要とされる方に無償提供できるようにまでなりました。

　県内に3団体あるフードバンクからも提供を受けていますし、ほがらか村（農協直売部門）さんからは週1回野菜の提供をいただいています。

　また、とある飲食店の方から、数十人分の各種食器の提供をいただきました。陶芸品店からも九谷焼の食器を多数提供していただきました。書き連ねると枚数がとても足りません。

　ボランティアの方もまだ十分とは言えませんが、同じ町会の方、遠くから通ってくださる方、さまざまな方々の力をいただいています。

　こうした状況で食材等の確保については思いの外、苦労はありませんでした。

　最も大変なのが、居場所確保の資金ですが、2017年度分については全く見通しが立ちませんでした。

　思いついたのが、日ごろからこども食堂の大切さに共感を示してくれている連合石川に財政逼迫を訴え助成をお願いする事でした。

　おかげで何とか、2017年度分の確保の見通しが建ちました。

　最後に一番肝心な子どもたちのことです。当初は30名程度（大人子どもを含む）の参加でした。考え付く手だてを尽くしました。

　こども食堂の案内チラシを月2回2つの小学校の校門前で配布したりしました。

　月2回のこども食堂でのひと時を楽しく感じてくれたのであろうと思いますが、今年5月2回目のこども食堂には57名もの方が来てくれました。パンク状態になりました。

　この数字は、まだまだこども食堂を必要としている方が大勢おられるということを如実に示していると言えます。

　金沢市のすべての小学校校下に、北陸三県のすべてにこども食堂を！　これが、当面の私たちの目標です。

　とはいっても、万全の運営どころか、いまだ、よちよち歩きでしかありません。多くの方の善意を支えとして、今後も活動を続けていきたいと思っているところです。

（喜成清重）

第 7 章　生活保護

Q28　生活保護の利用の要件を教えてください

　生活保護は、憲法25条の生存権を具体化した制度です。国は、私たちが、健康で文化的な最低限度の生活を送ることができるように保障する責務を負っています（法第1条、ナショナル・ミニマム）。病気や高齢で働けない、年金や手当だけでは健康で文化的な最低限度の生活を送るのに不十分な場合、私たちは生活保護を利用することができます。
　この生活保護の利用条件を見ていきましょう。

1　生活保護基準

　この「健康で文化的な最低限度の生活を国が保障する基準」は金額で定められ、これを一般的に生活保護基準と呼んでいます。
　生活保護は、収入認定額がこの生活保護基準額より低い場合に、それを保護費として支給することで補い、トータルで生活保護基準額を確保できるような仕組みになっています。収入が全くない場合は、基準額全額が支給されます。従って、収入が生活保護基準額より低ければ生活保護を利用することができるといえるでしょう。
　なお、世帯単位の利用が原則となっています。この世帯は、①住居を一にしているか、②生計を一にしているか、という2つの点から判断されます。戸籍上の婚姻関係や血縁関係ではなく、事実に基づいて判断されます。例えば同居している友人同士の場合、住居も同じで生計も同じですから、一つの

世帯と見なされます。逆に、長期間別居している夫婦では、一つの単位として捉えがたいということで、別世帯として扱われます。

とはいえ、杓子定規に住居と生計の点だけから判断すると、不都合がありますので、場合によっては世帯分離といって、同一世帯であっても世帯を分離して生活保護を利用できる場合もあります。

さて、生活保護基準額は、いくつかの要素から機械的に算定することができます。算定要素は、概ね次のとおりです。

①居住市町村、②世帯の人数、③世帯構成員の年齢、④障害やひとり親家庭などの事情、⑤賃貸住宅に居住している場合は家賃額。

例えば、大阪市内に居住する60代の単身世帯（家賃3万8000円）ですと、生活保護基準は約11万7000円です。この方が持ち家に住んでいる場合は、家賃額（住宅扶助費）は算定されないので、生活保護基準は約7万9000円ということになります。

この方が、大阪府柏原市に住んでいる場合は、生活保護基準は約11万円です。これは「級地」といって、居住地により生活保護基準が区分されているためです。大阪市は最も基準額が高い地域（1級地の1）ですが、柏原市はやや郊外に位置しているためか、基準額が若干低く（2級地の1）設定されています。級地は6つの区分に分けられています。

従って、①居住市町村というのは重要な要素になります。これも事実に基づいて判断されますので、住民票が他市町村にあっても、今どこに居住してるのかで判断されます。

生活保護を利用できるかどうかは、基本的には、このいくつかの要素により機械的に算定される生活保護基準と収入を比較して判断されます。困窮に至った事情は考慮されません。失業の場合でも、解雇なら認められて自主退職の場合は不可ということはありません。離婚も、こちらから離婚を言い出した場合は認められない、ということもありません。たとえ、今の困窮の状況を作り出した事情が本人の意思に基づくものであっても、生活保護が利用できないということはないのです。生活保護は、無差別平等に利用することができます（法第2条）。

なお、収入も、勤労所得の場合には全額を収入扱いせず、一定額を経費（勤労控除）として除外した額が収入として認定されます。勤労控除分だけ手元

に残るお金が多くなるということになります。

2 財産がある場合

　生活保護の利用を検討する際に、気になるのが財産のことです。

　世間では「持ち家があったら受けられない」といった誤解がありますが、実際にどうなのでしょうか。

　生活保護法では、補足性の原理といって、活用できる能力や資産がある場合は活用することが生活保護利用の要件となっています（法第4条）。いくつか具体的に見ていきましょう。

（1）不動産

　居住用の不動産は保有が原則として認められています。ただし、処分価値が利用価値に比して著しく大きいと認められる場合は、生活保護利用開始後に処分を指示されることもあります。また、住宅ローンを実際に支払っている場合には、原則として生活保護が認められません（支払を繰り延べしている場合や、支払額が少額かつ短期間の場合は認められる余地があります）。

（2）保険

　生命保険は、原則解約することとなっていますが、これも解約返戻金が少額（生活保護基準の3ヶ月程度）で、保険料も低廉（生活保護基準の1割程度）の場合には、保有が認められています。

（3）車、バイク

　125cc以下のバイクは、一定の要件を満たせば生活用品として保有が認められています。しかし、これを超えるバイクや車については、徐々に緩和されつつありますが、以下のようないくつかの場合を除いて原則として保有が認められていません。

① 障害者が通院、通所及び通学などに利用する場合
② 公共交通機関を利用することが著しく困難な地域に居住する者が通勤、通院に利用する場合
③ ②のような地域にある勤務先に通勤する場合
④ 深夜勤務等の業務に従事する者が通勤する場合
⑤ 保育所に送迎して勤務するためには自動車以外の通勤方法が全くないか極めて困難な場合

⑥　概ね1年以内に就労により保護から脱却することが見込まれる場合
(4) 借金

「借金があれば生活保護は受けられない」と言われることがあります。マイナスの意味での財産になりますので、ここで合わせて説明します。

生活保護は、健康で文化的な最低限度の生活を維持できるようにするための制度です。この生活保護費を借金返済に費消することは、法で禁止されているわけではありませんが、望ましくありません。従って、借金がある場合には、一般的には法律家に依頼して自己破産手続などで整理することをお勧めします。法律家に依頼する費用もないという場合のために民事法律扶助という制度が用意されており、費用負担は心配はいりません。

3　扶養義務との関係

親兄弟がいる場合には生活保護が受けられないのでは、と不安に思ってる方もおられるのではないでしょうか。両親や兄弟などのあなたに対する扶養義務者がいても、生活保護の利用に問題はありません。日本の扶養義務は西欧諸国に比べて範囲がとても広いですが、生活保護を利用するからといって、扶養を強制されることはありません。

ただ、扶養（例えば仕送り）可能性のある親族に対しては、行政は「扶養照会」といって、扶養の可否や程度についての問合せの書面を送ります。これはあくまでも照会なので、親族の方の事情に応じて回答してもらうとよいでしょう。

扶養照会は、一律にのべつ幕なしに送付するのではなく、70歳以上の高齢者や20年以上音信不通など疎遠となっている場合、夫の暴力から逃れてきた場合には、そもそも扶養が期待できないとして扶養調査から外れることになります。

なお、仕送りなどがされた場合には、その分だけ収入認定されることになります。

4　外国籍の場合

生活保護法の規定は、生活保護法の対象を「生活に困窮するすべての国民」としています。これだけですと、生活保護の対象は日本国籍者のみで、日本

で暮らす外国籍者は除外されているようにも感じられます。
　しかし、実際には行政通達で、一定の在留資格を持つ在日外国人に対して、日本国民に対する生活保護の取り扱いに準じて保護を行うとされており、日本国籍を持たないからといって生活保護を利用できないということはありません。

（徳武聡子）

Q29 窓口に申請に行ったら断られたのですが、どうすればいいですか？

1　生活保護相談と水際作戦

　生活保護を利用するには、まずは、お住まいの地域の役所の生活保護担当課に行って申請することになります。しかし、市町村のウェブサイトで生活保護に関するページを見ても「相談してください」としか記載されていないところが多数です。
　実際に、生活保護の申請に市役所の窓口に行っても、「相談ですね」と対応されてしまうこともほとんどです。
　こういった対応の何が問題なのでしょうか？
　設問にもあるような「窓口で断られる」という事例は、残念ながら少なくありません。
　本来、行政機関は生活保護の申請が到達した場合には直ちに調査に入って決定を出さなければならず、そもそも申請を断ったり受け付けなかったり、という対応をとることは許されていません。しかし、生活保護の窓口に来る方の多くは、実際に収入に事欠く程の困窮状態に陥っており、申請しさえすれば高い確率で生活保護開始決定が出ると思われます。
　そこで、「申請」ではなく、まずは「相談」を受け、相談に応じる中で、「あなたは働ける年齢だから」「実家に帰ればいい」「家があると受けられない」等、いろいろな理由をつけて申請をさせない、申請を諦めさせるような対応が後を絶ちません。中には、明らかに違法と思われるような対応も見られます。こういった、相談扱いにして申請させずに追い返すことを、「水際作戦」と呼んでいます。
　行政の窓口にたどり着いた困窮者は、生活保護の制度や仕組みについて詳しく知っている訳ではありません。行政に対する信頼もあります。窓口の職員から「あなたはこうこうこれだから、生活保護は難しいですよ」と言われてしまうと、それを信じて申請せずに諦めてしまうのです。

2 行政機関の負う申請援助義務

　一番の対抗策は、生活保護の申請をすることです。

　窓口で「生活保護を申請します」と明確に発言して申請書も提出できれば、それ以上のことはありませんが、誰もがそのような対応ができる訳ではありません。一方、行政機関は、困窮者から明確に申請の意思が示されない限り「相談を受けただけ」として、取り扱ってもいいものでしょうか？

　この点、大阪地裁平成25年10月31日判決は、「福祉事務所に訪れる者の中には、真に生活に困窮し、保護を必要としているものが当然にふくまれているところ、そういった者の中には、受給要件や保護の開始申請の方法等につき正しい知識を有していないため、第三者の援助がなければ保護の開始申請ができない者も多いのであるから、保護の実施機関として、そのような者が保護の対象から漏れることのないよう、相談者の言動、健康状態に十分に注意を払い、必要に応じて相談者に対して適切な質問を行うことによって、その者が保護を必要としている者か否か、また、保護の開始申請をする意思を有しているか否かを把握し、有している場合には保護の開始申請手続きを援助することが職務上求められている。」と判示しています。

　相談者の明確な意思表示を待つのではなく、むしろ逆に申請の意思を確認し援助することが求められているのです。このことは、いくつかの判決・裁決でも繰り返し明示され、先年改正された生活保護法施行規則第1条2項でも、保護の実施機関は、法第24条第1項の規定による保護の開始の申請について、申請者が申請する意思を表明しているときは、当該申請が速やかに行われるよう必要な援助を行わなければならない。」として、省令上の義務として明文化されました。

　また、厚生労働省が毎年3月に全国の福祉事務所（生活保護の実施機関）の課長を集めて行う会議では、行政窓口による申請権侵害のないように、と毎年のように注意喚起が行われています。

3 生活保護を申請するには

　残念ながら、判決や規則で示されたからといって、窓口の職員の対応が急速に改善される状況にはなっていません。もちろん、中には熱心で困窮者に

寄り添うことのできる職員も少なからず存在します。しかし、そういった職員の対応は「珍しく」「良心的な」対応を受けたと評価されるくらい、水際作戦に代表されるような違法不当な対応を受けることが多いのです。

生活保護の申請書も、住民票の交付申請書のように、誰もがすぐに手に取れるところに置いておらず、職員に出してもらわなければなりません。

実は生活保護の申請は不要式の行為であり、口頭の申請も可能です。申請書も、役所の定型書式ではなく、何かしらの紙に「生活保護申請書」「申請者の住所・氏名・生年月日」「困窮している理由」を書いて申請日を記入すれば、有効な申請書になります。身の回りにあるもので、申請の準備をすることは十分可能です。

実際の窓口の職員とのやりとりに不安がある場合は、誰か第三者に同席してもらうのがよいでしょう。弁護士、司法書士といった法律家や生活困窮者の支援をしている支援者など、生活保護に関する知識を有する第三者の前では、窓口の職員も「働ける年齢なので生活保護は利用できませんよ」という違法な対応はできなくなります。

ここ10年で、各地の法律家が生活保護利用を支援するネットワークを立ち上げています。地元のネットワークにぜひ相談してみてください。また、各地の弁護士会で無料の生活保護相談を実施しているところもあります。

この国には、さまざまな課題があるにせよ、私たちの健康で文化的な最低限度の生活を保障する仕組みがあり、困ったときに支援してくれる人たちがいます。あなたは一人ではありません。

【各地の法律家支援ネットワーク】
・東北生活保護利用支援ネットワーク／022-721-7011／月水金13－16時
・首都圏生活保護支援法律家ネットワーク／048-866-5040／平日10－17時
・北陸生活保護支援ネットワーク福井〔福井・富山〕／0776-25-5339／火18－20時
・北陸生活保護支援ネットワーク石川／076-231-2110／火18－20時
・生活保護支援ネットワーク静岡／054-636-8611／平日9－17時
・東海生活保護利用支援ネットワーク／052-911-9290／火・木13－16時
・近畿生活保護支援法律家ネットワーク／078-371-5118／平日10－16時
・生活保護支援中国ネットワーク／0120-968-905／平日9時半－17時半
・四国生活保護支援法律家ネットワーク／050-3473-7973／平日10－17時
・生活保護支援九州ネットワーク／097-534-7260／平日13－17時

（徳武聡子）

第7章　生活保護

Q30　生活保護を利用しようとすると、家や車を手放さなければならないのですか？

　生活保護を申請した人が、生活保護基準月額を上回る資産で金銭に換えるのが容易なもの（「利用し得る資産」）を持っていれば、その資産を処分して「活用」するのが原則ですので、原則として生活保護開始の要件を満たさないことになります（生活保護法4条1項）。
　以下、生活保護の実務での運用について述べます。
　厚生労働省社会・援護局保護課長通知（以下「課」と表記）は、法定受託事務に関する処理基準（地方自治法245条の9「処理するに当たりよるべき基準」）として、厚生労働事務次官通知（以下「次」と表記）や厚生労働省社会・援護局長通知（以下「局」と表記）などとともに「保護の実施要領」として「生活保護手帳」に取りまとめられているものです。別冊問答集は、保護の実施要領等の実際の適用にあたっての疑義に関する問答が、技術的助言（同法245条の4）として「生活保護手帳別冊問答集」に取りまとめられているものです。技術的助言である後者はもちろん、処理基準である前者も、地方自治体を法的に拘束するものではありませんが、実際の生活保護実務に対して事実上強い影響力を持っています。

1　家

　自分の居住用の家、敷地は自分が居住することによって「活用」することになりますので、原則として、居住したままで生活保護を利用することができます（局長通知第3-1・2）。
　生活保護の運用上、例外として持っていることができない場合があります。
(1)　不動産の処分価値が利用価値と比べて著しく大きい場合
　ケース診断会議等を経て、処分を指導される可能性があります。ケース診断会議等の検討に付する目安は、最上位級値（1級地-1）の標準3人世帯（33歳男、29歳女、4歳子）の生活扶助基準額に同住宅扶助特別基準額を加えた値におおよそ10年を乗じ、土地・家屋所有に係る一般低所得世帯、周辺地域住民の意識、持ち家状況等を勘案した所要の補正を行う方法、またはその

他地域の実情に応じた適切な方法により算出した額です（課問（第3の15））。地域によって異なりますが、2200〜2600万円ほどです。

処分指導の可能性があっても、ケース診断会議等の手続が終了するまで不動産を持っていることは認められないとはいえないので、その間は生活保護を利用することができます。

(2) 住宅ローン付き不動産の場合

生活保護費をローン返済に充てることになるので、原則として生活保護の申請は却下されます（課問（第3の14））。

例外として、ローンの支払いの繰り延べが行われている場合、又は、ローン返済期間も短期間であり、かつローン支払額も少額である場合には、そのまま持っていることができます。この点、東京都の生活保護運用事例集2017では、「目安としては、例えば、期間は5年程度、金額は月毎の支払額が世帯の生活扶助基準の15％以下程度、ローンの残額が総額で300万円以下程度が考えられるが、個別事例ごとに慎重に判断すべきであろう」とされています（問3−11）。

(3) 要保護世帯向け不動産担保型生活資金（リバースモーゲージ）対象の場合

65歳以上の高齢者で、評価額500万円以上の不動産（戸建て住宅の家屋部分を除く）で賃借権等の利用権及び抵当権等の担保権が設定されていないものを所有している場合、リバースモーゲージの利用が優先され、生活保護の申請は却下されます。生活保護利用中の場合には、リバースモーゲージの利用を指導され、従わなければ所定の手続を経て保護が廃止されます（課問（第3の21））。

2 車

(1) 事業用品としての自動車

「事業用機械」として取り扱われ（別問3−11）、①処分価値が利用価値に比して著しく大きいとは認められず、②営業種目、地理的条件等から判断して、当該地域の低所得世帯との均衡を失することにならないと認められ、③現に最低生活維持のために利用しているか、おおむね1年以内に利用することにより世帯の収入増加に著しく貢献するものであれば、持ったまま生活保

護を利用することができます（局第3－3）。
(2) 生活用品としての自動車
　原則として持っていることは認められていません（別問3－14）。借りることも認められていません（別問3－20）。
　例外として、自動車がなければ最低限度の生活の維持が困難である場合、自動車が自立助長に効果的な場合には、自動車を持っていることが認められます。
① 例外
　　所有又は利用を認めるに適しない資産は原則として処分のうえ、最低限度の生活の維持のために活用することになりますが、例外として、以下の場合が挙げられています（次第3）。
　ア　その資産が現実の最低限度の生活維持のために活用されており、かつ、処分するよりも保有している方が生活維持及び自立の助長に実効があがっているもの
　イ　現在活用されてはいないが、近い将来において活用されることがほぼ確実であって、かつ、処分するよりも保有している方が生活維持に実効があがると認められるもの
　ウ　処分することができないか、又は著しく困難なもの
　エ　売却代金よりも売却に要する経費が高いもの
　オ　社会通念上処分させることを適当としないもの
　　以下、課長通知で挙げられているものを掲げますが、これらは例示と解され、上記次官通知にしたがって、それ以外について認められるべきと解されます。この点、課問（第3の12）にも、「以上のいずれかの要件に該当しない場合であっても、その保有を認めることが真に必要であるとする特段の事情があるときは、その保有の容認につき厚生労働大臣に情報提供すること」とされ、持っていることが認められています。
② 通勤用自動車
　　次のいずれかに該当する場合であって、自動車による以外に通勤する方法が全くないか、又は通勤することがきわめて困難であり、かつ、その保有が社会的に適当と認められるときは、上記①オとして通勤用自動車を持っていることが認められます（課問（第3の9））。

ア　障害のある人が自動車により通勤する場合
イ　公共交通機関の利用が著しく困難な地域に住居又は勤務先があり、自動車により通勤する場合
ウ　深夜勤務等の業務に従事している人が自動車により通勤する場合
　上記イ、ウについては次のいずれにも該当する場合に限るものとされています。
　　i　世帯状況からみて、自動車による通勤がやむを得ないものであり、かつ、当該勤務が当該世帯の自立の助長に役立っていると認められること
　　ii　当該地域の自動車の普及率を勘案して、自動車を保有しない低所得世帯との均衡を失しないものであること
　　iii　自動車の処分価値が小さく、通勤に必要な範囲の自動車と認められるものであること
　　iv　当該勤務に伴う収入が自動車の維持費を大きく上回ること
エ　概ね6ヶ月以内に就労により保護から脱却することが確実に見込まれる人であって、保有する自動車の処分価値が小さいと判断されるもの
　上記①イに該当するものとして、処分指導を行わないものとして差し支えないとされています。また、概ね6ヶ月経過後、保護から脱却していない場合においても、保護開始から概ね1年の範囲内において、処分指導を行わないものとして差し支えないとされています。
　さらに、公共交通機関の利用が著しく困難な地域に居住している場合には、求職活動に必要な場合に限り、自動車の使用を認めて差し支えないとされています（課問（第3の9-2））。
③　通院等のため自動車を必要とする場合
　次のいずれかに該当する場合で、かつ、その保有が社会的に適当と認められるときは、上記①オとしてその保有を認めて差し支えないとされています（課問（第3の12））。
ア　障害（児）者が通院等のために自動車を必要とする場合であって、下記のいずれにも該当する場合
イ　公共交通機関の利用が著しく困難な地域に居住する人が通院等のた

めに自動車を必要とする場合であって、下記のいずれにも該当する場合
i 通院等のために定期的に自動車が利用されることが明らかな場合であること
ii アについては、障害の状況により利用し得る公共交通機関が全くないか又は利用することが著しく困難であり、自動車による以外に通院等を行うことがきわめて困難であることが明らかに認められること、イについては、自動車により通院等を行うことが真にやむを得ない状況であることが明らかに認められること
iii 自動車の処分価値が小さく、通院等に必要最小限のもの(排気量がおおむね2000cc以下)であること
iv 自動車の維持に要する費用(ガソリン代を除く)が他からの援助、他施策の活用等により、確実にまかなわれる見通しがあること
v 本人又は専ら通院等のために生計同一者、常時介護者が運転する場合であること

(森　弘典)

Q31 年金を受け取っていても生活保護は利用できますか？

1 年金と生活保護の関係

　2017年度（平成29年度）に初めて受け取る（新規裁定）国民年金（老齢基礎年金（満額）：1人分）は月額6万4941円です。障害基礎年金の2級も同額です。1級の場合はその1.25倍の8万1177円です。

　他方、生活保護の生活扶助費は、1級地－1であっても、60～69歳、一人暮らしで、7万9790円です。

　このように、生活保護の生活扶助費（1級地－1）と国民年金の老齢基礎年金および障害基礎年金2級の年金額を比べると、年金額の方が生活保護基準より低いことになります。年金額は40年間年金保険料を納付した場合の金額ですし、これと比較した生活保護基準は生活扶助費だけで、住宅扶助費、教育扶助費、介護扶助費、医療扶助費などを含んでいませんので、年金額の方が生活保護基準を一層下回る可能性があります。

　本来、年金額には最低保障額を設ける必要があり、その最低保障額は生活保護基準を上回るかあるいはそれと同程度のものでなければならないとされていました。1962年8月、社会保障制度審議会「社会保障制度の総合調整に関する基本的方策についての答申および社会保障制度の推進に関する勧告」では、「老齢年金、障害年金、遺族年金については、すべての制度において給付額の最低保障を行い、その額は定額で、なるべく均衡するように定める」「老齢年金その他前述の諸給付は、それによってそれぞれの事故の起きた場合に、少なくともその最低生活を保障するためのものであるから、最低保障額を設ける必要がある。その最低保障額は、生活保護基準を上回るかあるいはそれと同程度のものでなければならない」とされていました。しかし、厚生労働省によると、①老齢基礎年金のみの受給者は767万人で、平均月額は5万40円、②老齢厚生年金の受給者で、平均年金月額が10万円未満の人は男性128.9万人（12.3％）、女性264.5万人（52.7％）、総数393.5万人（25.5％）、③無年金者（推定）100万人です。①～③を合わせると、約1260

万人で、65歳以上の高齢者3432万人に占める割合は36.7％となります（厚生労働省「平成26年度厚生年金保険・国民年金事業の概況」）。

　したがって、年金を受け取っていても、このように生活保護基準を下回る場合には生活保護を利用することができます。

　もっとも、年金額は収入として認定されますので（生活保護法4条1項）、その分、生活保護費は少なくなります。

　なお、収入としての認定方法については、次官通知第8－3「(2)　就労に伴う収入以外の収入」「ア　恩給、年金等の収入」で、「(ｱ)　恩給、年金、失業保険金その他の公の給付（地方公共団体又はその町が条例又は予算措置により定期的に支給する金銭を含む）については、その実際の受給額を認定すること」とされています。「ただし、(3)のオ、ケ又はコに該当する額（注：災害等で損害を受けたことによる補償金等で自立更生に当てられる額、社会的障害者に地方公共団体等が定期的に支給する金銭、心身障害者扶養共済制度により地方公共団体から支給される年金）については、この限りでない」「(ｲ)(ｱ)の収入を得るために必要な経費として、交通費、所得税、郵便料等を要する場合又は受給資格の証明のために必要とした費用がある場合は、その実際必要額を認定すること」とされています。このように、一定の金額については収入として認定されない場合があります。

　また、局長通知第8－1「(4)　恩給、年金等の収入」で、「ア　恩給法、厚生年金保険法、船員保険法、各種共済組合法、国民年金法、児童扶養手当法等による給付で、6ヶ月以内の期間ごとに支給される年金又は手当については、実際の受給額を原則として受給月から次回の受給月の前月までの各月に分割して収入認定すること。イ　老齢年金等で、介護保険法第135条の規定により介護保険料の特別徴収の対象となるものについては、特別徴収された後の実際の受給額を認定すること」とされています。このように、一定の金額については収入として認定されない場合があります。

2　年金の遡及受給

　年金受給権は既に発生していてそれを遡って受給する場合、年金受給権が発生した時点で年金額相当の資力を持っていたことになります。その資力が現実化したことから、遡及受給した限度において支給された生活保護費も

遡って生活保護法63条（費用返還）の返還の対象となります。

　生活保護法63条は「被保護者が、急迫の場合等において資力があるにもかかわらず、保護を受けたときは、保護に要する費用を支弁した都道府県又は市町村に対して、すみやかに、その受けた保護金品に相当する金額の範囲内において保護の実施機関の定める額を返還しなければならない」と規定しています。

　ただ、先ほど述べたのと同じく、必要な経費として、交通費、郵便料等を要する場合又は受給資格の証明のために必要とした費用（診断書を作成してもらう費用など）がある場合は、その実際必要額は差し引くことができます。また、医療、介護、家屋補修、就学など当該世帯の自立更生のための用途に供されるものであって、実施機関が認めた額（課問（第8の40）、国民年金の受給権を得るために必要な任意加入保険料（次第8－3(5)））などは差し引くことができます（別問13－5）。

（森　弘典）

第8章 生活困窮者自立支援

Q32 生活困窮者自立支援法の制度について教えてください

　平成27年4月に生活困窮者自立支援法がスタートし、生活全般にわたるお困りごとの相談窓口（自立相談支援機関）が全国に設置されました。生活困窮者自立支援法の制度については、全国の福祉事務所設置自治体が実施主体となって、官民協働による地域の支援体制を構築し、自立相談支援事業、住居確保給付金の支給、就労準備支援事業、一時生活支援事業、家計相談支援事業、学習支援事業その他生活困窮者の自立の促進に関し包括的な事業が実施されています。また、都道府県知事等は、事業者が、生活困窮者に対し、就労の機会の提供を行うとともに、就労に必要な知識及び能力の向上のために必要な訓練等を行う事業を実施する場合、その申請に基づき一定の基準に該当する事業であることを認定する仕組みを設けます。

　なお、自立相談支援事業の実施、住居確保給付金の支給については、福祉事務所設置自治体が必ず実施しなければならない必須事業として位置付けられている一方、その他の事業については、地域の実情に応じて実施する任意事業とされています。

　詳しくは、お住まいの都道府県・市にお問い合わせください。

【生活困窮者自立支援法で行われる支援】
- 自立相談支援事業（必須）
　生活に困りごとや不安を抱えている場合は、まずは地域の相談窓口（自立

相談支援機関）にご相談ください。支援員が相談を受けて、どのような支援が必要かを相談者と一緒に考え、具体的な支援プランを作成し、寄り添いながら自立に向けた支援が行われます。

■住居確保給付金（必須）
　離職などにより住居を失った方、または失うおそれの高い方には、就職に向けた活動をするなどを条件に、一定期間、家賃相当額が支給されます。
※一定の資産収入等に関する要件を満たしている方が対象です。

■就労準備支援事業（任意）
　「社会との関わりに不安がある」、「他の人とコミュニケーションがうまくとれない」など、直ちに就労が困難な方に6ヶ月から1年の間、プログラムにそって、一般就労に向けた基礎能力を養いながら就労に向けた支援や就労機会の提供が行われます。
※一定の資産収入に関する要件を満たしている方が対象です。

■就労訓練事業（任意）
　直ちに一般就労することが難しい方のために、その方に合った作業機会を提供しながら、個別の就労支援プログラムに基づき、一般就労に向けた支援を中・長期的に実施する、就労訓練事業（いわゆる「中間的就労」）もあります。

■家計相談支援事業（任意）
　家計状況の「見える化」と根本的な課題を把握し、相談者が自ら家計を管理できるように、状況に応じた支援計画の作成、相談支援、関係機関へのつなぎ、必要に応じて貸付のあっせん等を行い、早期の生活再生の支援が行われます。

■子どもの学習支援準備事業（任意）
　子どもの学習支援をはじめ、日常的な生活習慣、仲間と出会い活動ができる居場所づくり、進学に関する支援、高校進学者の中退防止に関する支援等、子どもと保護者の双方に必要な支援が行われます。

■一時生活支援事業（任意）
　住居をもたない方、またはネットカフェなどの不安定な住居形態にある方に、一定期間、宿泊場所や衣食を提供します。退所後の生活に向けて、就労支援などの自立支援が行われます。
※一定の資産収入に関する要件を満たしている方が対象です。

第8章 生活困窮者自立支援

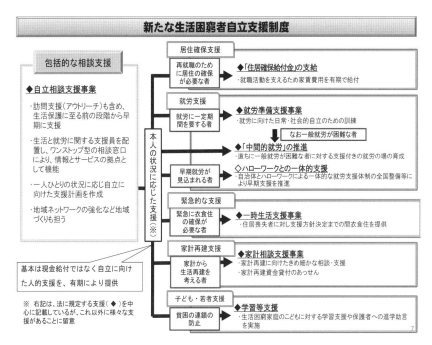

厚生労働省HP「生活困窮者自立支援制度」より引用
(http://www.mhlw.go.jp/stf/seisakunitsuite/bunya/0000059425.html)

(生水裕美)

Q33 住居確保給付金について教えてください

1 住居確保給付金とはどのような制度ですか？

離職などにより住居を失った方、または失うおそれの高い方には、就職に向けた活動をするなどを条件に、一定期間、家賃相当額が支給されます。生活の土台となる住居を整えた上で、就職に向けた支援が行われます。

> 支給額：家賃 －（月の世帯の収入合計額 － 基準額）
> 　　　　※家賃額及び支給額の上限：生活保護住宅扶助費が上限
> 支給期間：3ヶ月間（一定の条件により延長及び再延長が可能です）
> 支給方法：大家等へ代理納付

※金額についてはお住いの都道府県・市にお問い合わせください。

2 受給の要件はありますか？

申請時に以下の①～⑧のいずれにも該当する方が対象となります。
① 離職等により経済的に困窮し、住居喪失者又は住居喪失のおそれがある。
② 申請日において、65歳未満であって、かつ離職等の日から2年以内である。
③ 離職前に、主たる生計維持者であった（離職前には主たる生計維持者ではなかったが、その後離婚等により、申請時には主たる生計維持者となっている場合も含む）。
④ 申請日の属する月の、申請者及び申請者と同一の世帯に属する者の収入の合計額が右の表の金額以下である（収入には、公的給付を含む）。

世帯人数	基準額	家賃額（上限額）	収入基準額（万円）
1人	7.8万円	3.5万円	11.3万円
2人	11.5万円	4.2万円	15.7万円
3人	14.1万円	4.6万円	18.7万円
4人	17.5万円	4.6万円	22.1万円

※滋賀県野洲市の場合：金額はお住いの都道府県・市に確認ください。

⑤ 申請日において、申請者及び申請者と生活を一つにしている同居の親族の預貯金の合計額が右の表の金額以下である。

世帯人数	金融資産
1人	46.8万円
2人	69万円
3人	84.6万円
4人	100万円

※滋賀県野洲市の場合：金額はお住いの都道府県・市に確認ください。

⑥ ハローワークに求職の申込みをし、誠実かつ熱心に常用就職を目指した求職活動を行うこと。

⑦ 国の雇用施策による貸付（職業訓練受講給付金）及び地方自治体等が実施する類似の給付等を、申請者及び申請者と同一の世帯に属する者が受けていないこと。

⑧ 申請者及び申請者と同一の世帯に属する者のいずれもが暴力団員でないこと。

3 住宅の初期費用や生活費がないのですが？

賃貸住宅の入居には敷金・礼金など「初期費用」が必要となります。「初期費用」への対応が困難な方や、住居確保給付金受給中の生活費が必要な方は、社会福祉協議会の「生活福祉資金（総合支援資金)」を活用することができます。

生活福祉資金（総合支援資金）

　継続的な生活相談・支援（就労支援等）と併せて、生活費及び一時的な資金を貸し付け、生活の立て直しを支援するための貸付けです。

(1) 住宅入居費：40万円以内
(2) 生活支援費：2人以上世帯／月20万円以内（単身／15万円以内）
　　貸付期間　原則3ヶ月　最長1年間
(3) 一時生活再建費：60万円以内
　　貸付期間　原則3ヶ月
　　　※貸付利子：連帯保証人を立てる場合は無利子
　　　　　　　　　連帯保証人を立てない場合は年1.5％

住宅を喪失している方であって、住居確保給付金を受給するまでの間の生活費が必要な方は、社会福祉協議会の臨時特例つなぎ資金の貸付けを活用することができます。

> **臨時特例つなぎ資金貸付**
> 　公的給付等による支援を受けるまでの間の当面の生活に要する費用の貸付（10万円以内）。
> 　※貸付利子：無利子、連帯保証人不要

4　住居確保給付金の申請には何が必要ですか？

① 　住居確保給付金支給申請書
② 　本人確認書類（次のいずれか）
　運転免許証、住民基本台帳カード、旅券、各種福祉手帳、健康保険証、住民票、戸籍謄本等の写し
② 　離職後2年以内の者であることが確認できる書類の写し（離職票、受給を終えた雇用保険受給資格者証等がない場合は、例えば、給与振込が一定の時期から途絶えている通帳の写しなど、離職者であることが確認できる何らかの書類）
③ 　申請者及び申請者と生計を一にしている同居の親族のうち収入がある者について、収入が確認できる書類の写し
　※給与明細書、預貯金通帳の収入の振込の記帳ページ、雇用保険の失業給付等を受けている場合は「雇用保険受給資格証明書」、年金を受けている場合は「年金手帳」、その他各種福祉手帳
⑤ 　申請者及び申請者と生計を一にしている同居の親族の金融機関の通帳等の写し
⑥ 　ハローワークの発行する「求職受付票（ハローワークカード）」の写し

5　住居確保給付金の申請から決定までの流れを教えてください。

【住宅を喪失している方の場合】
(1) 住居確保給付金の支給申請
・必要書類を添えて、申請書を自立相談支援機関に提出します。
・申請書の写しの交付にあわせて、「入居予定住宅に関する状況通知書」の用紙が配布されます。
・住居確保給付金の支給開始までの生活費が必要な方は、市町村社会福祉協

議会に申請書の写しを提示して、臨時特例つなぎ資金の借入れ申込みを行うことができます。

(2) 入居予定住宅の確保
・不動産業者等に申請書の写しを提示して、当該業者等を介して賃貸住宅を探し、住居確保給付金支給決定等を条件に入居可能な賃貸住宅を確保します。原則として、賃貸住宅を探す範囲は申請書を提出した自治体の地域内です。
・敷金・礼金などの入居初期費用について、社会福祉協議会の総合支援資金貸付（住宅入居費）を利用する場合はその旨不動産業者等に伝えます。
・入居可能な住宅を確保した場合には、不動産業者等から「入居予定住宅に関する状況通知書」への記載及び交付を受けます。

(3) ハローワークでの求職申込み
・公共職業安定所（ハローワーク）にて求職申込みを行います。

(4) 住居確保給付金の確認書類の提出
・不動産業者等から記載・発行を受けた「入居予定住宅に関する状況通知書」を、自立相談支援機関に提出します。
・ハローワーク窓口から発行を受けた求職受付票（ハローワークカード）の写しを、自立相談支援機関へ提出します。

(5) 住居確保給付金の審査
・審査の結果、受給資格ありと判断された場合は、「住居確保給付金支給対象者証明書」が交付されます。
・受給資格なしと判断された場合、「住居確保給付金不支給通知書」が交付されます。その場合は、住宅を確保している不動産業者等に住居確保給付金不支給決定により、賃貸借契約を締結できない旨を連絡します。
・「住居確保給付金支給対象者証明書」の交付にあわせて、「住宅確保報告書」の用紙が配布されます。

(6) 総合支援資金貸付（住宅入居費・生活支援費）の申込み
・敷金、礼金等の初期費用を用意することが困難な方は、市町村社会福祉協議会に「入居予定住宅に関する状況通知書」の写し及び「住居確保給付金支給対象者証明書」の写しを提出して、総合支援資金貸付（住宅入居費）の借入れ申込みが可能です。

・住居確保給付金受給中の生活費が必要な方は、あわせて社会福祉協議会に総合支援資金貸付（生活支援費）の借入れ申込みが可能です。

(7) 賃貸借契約の締結

・「入居予定住宅に関する状況通知書」の交付を受けた不動産媒介等に対し、「住居確保給付金支給対象者証明書」を提示し、予定していた賃貸住宅に関する賃貸借契約を締結します。この際、総合支援資金（住宅入居費）の借入申込みをしている場合は、その写しも提示します。

・総合支援資金（住宅入居費）の借入申込みをしている方の場合、本賃貸借契約は、原則として「停止条件付き契約（初期費用となる貸付け金が不動産業者等へ振り込まれたことが確認された日をもって効力が発生する契約）」となります。なお、総合支援資金（住宅入居費）を活用せず、初期費用を自分で用意可能な方の場合には、通常契約となると考えられますが、混乱を防ぐため住居確保給付金対象者についてはすべて停止条件付きの契約とするとしている不動産業者等もあると考えられますのでご注意ください。

・総合支援資金（住宅入居費）の借入申込みをしている方は、契約締結後、賃貸借契約書の写しを市町村社会福祉協議会に提出します。審査を経て総合支援資金（住宅入居費）が決定され、住宅入居費が不動産業者等に振り込まれます。

(8) 入居手続き

・住宅入居費が不動産業者等に振り込まれたことをもって停止条件付きの賃貸借契約の効力が発生しますので、不動産業者等との間で入居に関する手続きを行います。

・住民票の設定・変更手続きをします。

(9) 住居確保給付金支給の決定

・既に「住居確保給付金支給対象者証明書」が交付されていますが、実際に支給を受けるためには、住宅入居後7日以内に、「賃貸住宅に関する賃貸借契約書の写し」及び新住所における「住民票の写し」を添付して、「住宅確保報告書」を自立相談支援機関に提出します。

・「住居確保給付金支給決定通知書」が交付され、あわせて、「常用就職届」、「職業相談確認票」の用紙、必要に応じて「住居確保給付金常用就職活動状況報告書」の用紙が配布されます。

・住宅を確保している不動産業者等に対して「住居確保給付金支給決定通知書の写し」を提出します。
・住居確保給付金は自治体から不動産業者等へ直接振り込まれます。
・臨時特例つなぎ資金の貸付を受けている者に対しては、償還について市町村社会福祉協議会の指示を受けることとなります。
・総合支援資金（生活支援費）の申請をしている方は、「住居確保給付金支給決定通知書」の写しを市町村社会福祉協議会に提出します。審査が通ると、貸付決定が通知されます。

【住宅を喪失するおそれのある方の場合】
（1）住居確保給付金の支給申請
・必要書類を添えて、申請書を自立相談支援機関に提出します。
・申請書の写しの交付にあわせて、「入居予定住宅に関する状況通知書」の用紙、「求職申込み・雇用施策利用状況確認票」の用紙が配布されます。
（2）入居住宅の貸主との調整
・不動産業者等に申請書の写しを提示するとともに、「入居住宅に関する状況通知書」への記載・交付を受けます。
（3）ハローワークでの求職申込みと他施策利用状況の確認
・公共職業安定所（ハローワーク）にて求職申込みを行います。
（4）住居確保給付金の確認書類の提出
・不動産業者等から記載・発行を受けた「入居住宅に関する状況通知書」に賃貸借契約書の写しを添付し、自立相談支援機関に提出します。
・ハローワーク窓口から発行を受けた、求職受付票（ハローワークカード）の写しを自立相談支援機関へ提出します。
（5）住居確保給付金の審査・決定
・審査の結果、受給資格ありと認められた場合には「住居確保給付金支給決定通知書」が交付され、あわせて、「常用就職届」、「職業相談確認票」、必要に応じて「住居確保給付金常用就職活動状況報告書」の用紙が配布されます。
・入居している住宅の不動産業者等に対して「住居確保給付金支給決定通知書の写し」を提出します。

・住居確保給付金は自治体から不動産業者等へ直接振り込まれます。
・受給資格なしと判断された場合、「住居確保給付金不支給通知書」が交付されます。その場合は、入居している住宅の不動産業者等に住居確保給付金不支給決定となった旨連絡します。

（6）総合支援資金貸付（生活支援費）の申込み

・住居確保給付金受給中の生活費が必要な方は、社会福祉協議会に「住居確保給付金支給決定通知書の写し」を提出し、総合支援資金貸付（生活支援費）の申込みが可能です。審査が通ると、貸付決定が通知されます。

6　住居確保給付金受給中の就職活動に決まりはありますか？

　支給期間中は、公共職業安定所の利用、自立相談支援機関の支援員の助言、その他さまざまな方法により、常用就職に向けた就職活動を行わなくてはなりません。少なくとも毎月2回以上、「職業相談確認票」を持参の上、公共職業安定所の職業相談を受ける必要があります。「職業相談確認票」に公共職業安定所担当者から相談日、担当者名、支援内容について記入を受けるとともに、安定所確認印を受けます。

　また、毎月4回以上、自立相談支援機関の支援員等による面接等の支援を受ける必要があります。「職業相談確認票」を支援員へ提示して公共職業安定所における職業相談状況を報告するとともに、その他の就職活動の状況を「住居確保給付金常用就職活動状況報告書」を活用するなどの方法により、報告します。

　原則週1回以上、求人先への応募を行うか、求人先の面接を受ける必要があります。これはハローワークにおける活動に限ったものではないので、求人情報誌や新聞折り込み広告なども活用可能です。月4回の支援員との面接の際に、「住居確保給付金常用就職活動状況報告書」に求人票や求人情報誌の該当部分を添付して、自立相談支援機関に報告します。

　さらに、自立相談支援機関よりプランが策定された場合は、上記に加え、プランに記載された就労支援（職業訓練や就労準備支援事業等）を受ける必要があります。

7　受給中に就職が決定したら？

　支給決定後、常用就職（雇用契約において、期間の定めがない又は6ヶ月以上の雇用期間が定められているもの）した場合は、「常用就職届」を自立相談支援機関に提出が必要となります。
　提出した月の翌月以降、収入額を確認することができる書類を、住居確保給付金窓口に毎月提出します。

8　受給期間中に仕事が決まらないのですが？

　住居確保給付金の受給期間が終了する際に、一定の要件を満たしていれば、3ヶ月間を、2回まで延長することが可能です。
（要件）・受給中に誠実かつ熱心に就職活動を行っていたこと
　　　　・世帯の収入と預貯金が一定額以下であること
　住居確保給付金の受給期間の延長又は再延長を希望する場合は、当初の受給期間の最終月になったら、収入と預貯金が分かる書類を準備して、自立相談支援機関に申し出ます。再延長を希望する場合は、自立相談支援機関の指示に従ってください。

9　家賃が変更になったのですが給付額はどうなりますか？

　以下の場合に限り、支給額の変更が可能です。
・住居確保給付金支給対象住宅の家賃が変更された場合
・収入があることから一部支給を受けていた方であって、受給中に収入が減少し、基準額以下に至った場合
　自立相談支援機関に申請書を提出する必要がありますので、家賃が変わった又は収入が下がったことが証明できる書類を自立相談支援機関へ提出します。

10　支給が中止されてしまう場合がありますか？

　支給が中止されるのは以下の場合です。
①　毎月2回以上の公共職業安定所での就職相談、毎月4回以上の実施主体の支援員等による面接等又は原則週1回以上の求人先への応募・面接を行

う等、就職活動を怠る場合。
② 自立相談支援機関が策定したプランに従わない場合。
③ 受給中に常用就職し、就労により得られた収入が一定額を超えた場合は、その収入が得られた月の翌々月以降の家賃相当分から中止。
④ 住宅を退去した者（大家からの要請の場合、自立相談支援機関の指示による場合を除く）については、退去した日の属する月の翌月の家賃相当分から中止。
⑤ 支給決定後、虚偽の申請等不適正な受給に該当することが明らかになった場合。
⑥ 受給者及び受給者と同一の世帯に属する者が暴力団と判明した場合、禁錮刑以上の刑に処された場合、生活保護費を受給した場合。

※支給を中止する場合には、「住居確保給付金支給中止通知書」が交付されます。

11　再支給はありますか？

　住居確保給付金は、原則一人一回の支給です。ただし、住居確保給付金を受け、その結果常用就職に至ったものの、会社の都合で解雇になった場合や会社が倒産した場合に限り、2度目の支給を受けることができます。あらかじめ雇用期間が決まっていて、更新のないことに合意していた場合は会社都合の解雇には当たりません。

（生水裕美）

野洲市の生活困窮者等への支援について

1 概要

野洲市は、滋賀県南部に位置する人口約5万人のまちです。当市では、市民生活にかかわる総合相談窓口として市民生活相談課が位置づけられており、2017年度は正規職員5名、嘱託職員3名、臨時職員1名の合計9名の職員で対応しています。正規職員のうち1名は、野洲市社会福祉協議会からの研修派遣職員です。消費生活相談、法律相談(弁護士・司法書士)、税務相談(税理士)、行政相談と各種専門相談を集約しているほか、「どこの窓口に相談していいかわからない」という市民からの苦情や問い合わせについても、第一相談窓口として、ワンストップで対応できるように努めています。総合相談窓口のメリットは、相談情報が集約され、複雑な相談を包括的に受けとめやすくなるため、課題の早期発見と解決に向けての素早い対応が可能となる点です。

今回は、野洲市の生活困窮者等への支援に関する取組の中で、野洲市くらし支えあい条例と野洲市債権管理条例について記述したいと思います。

2 野洲市の生活困窮者等への支援と野洲市くらし支えあい条例

上記のような取組を行う中、野洲市では2016年10月1日に、野洲市くらし支えあい条例を施行しました。この条例は、第3章で生活困窮者等の支援等が規定されています。生活困窮者自立支援法があるにも関わらず条例を作った理由は、現在行っている取組を後に残し、これを発展させるためです。そのため、条例第1条、第2条第2項第4号及び第23条以下で生活困窮者等の発見や支援について必要なことを規定しました。同時に、これらの規定には、野洲市の特色があらわれています。

生活困窮者自立支援法の生活困窮者の定義は、「現に経済的に困窮し、最低限度の生活を維持することができなくなるおそれのある者」として、経済的困窮に焦点をあてた規定となっています。しかし、実際の相談においては、80歳の両親の年金で生活し、ひきこもっている50歳の子どもや、経済的には困っていないが認知症や社会的な孤立により日常生活が破綻している高齢者など経済的困窮だけではない相談も多くあります。後者の場合には、介護保険や成年後見等の既存の制度を活用し、支援することができますが、前者の場合にはそう

はいきません。ひきこもりの場合、介護保険の制度が使えない場合が多くあり、また十分な年金を受給している両親と同居している場合には生活保護の制度も活用できません。また、仮に本人に障害の可能性あったとしても、本人に自覚がないことが多く、この時点では療育手帳等を持っていない場合には、これらの制度も活用できません。しかし、80歳の両親が死亡したことを考えると、支援が必要であることは言うまでもありません。

そこで、野洲市くらし支えあい条例では、社会的に孤立している人等も支援の対象であることを明確にするため、「経済的困窮、地域社会からの孤立その他の生活上の諸課題を抱える市民」を生活困窮者等と定義しました（条例第2条第2項第4号）。

野洲市でも、家族や民生委員等からひきこもりの相談が寄せられます。ある方は何十年と家にひきこもっておられ、母が家族に連れられて相談に来所しました。ひきこもっている本人が電子回路の雑誌を定期的に読んでおり、パソコンに興味を持っていたことから、パソコンのある図書館まで相談員と一緒に行くことを当初のプラン（生活困窮者支援制度では、支援の方向性や活用する支援メニューについてプラン作成し支援を進めます）としました。また、同時に電話に出たことが一度もなかったため、定時にこちらがかける電話に出ることもプランとしました。

また支援調整会議のなかで、「一人暮らしの中高年男性たちが毎食コンビニ弁当を食べるなど食生活に問題があり、家計費ももったいない。」との課題が挙げられました。それがきっかけで、対象者に声をかけて集め、コミュニティセンターの調理室を活用して相談員が一緒に調理を教える、「おとな食堂」を企画し実施したところ、大好評でした。また、年末年始に孤立しがちな相談者が、少しでも気持ちが和んでもらえるようにとの相談員の発案で、単身やひきこもり等の相談者40人に対し、市の予算を使って手書きの年賀状を送りました。受け取った相談者からは、お礼の手紙や「嬉しかった」などの声を頂くなど大変喜んでもらい、再度の相談につながるなどの効果がありました。

このように現場から見える課題に役立つ支援メニューを工夫して作ることが支援を進めていくためには重要となります。そして、生活困窮者自立支援法は、各自立相談支援機関が必要に応じて自由な支援メニューを作ることを可能としています。野洲市では、柔軟な支援の発案・実行ができる環境を維持するために、生活困窮者自立支援法とは異なる「生活困窮者等」という定義を用い、また、野洲市くらし支えあい条例の第3章に生活困窮者等の支援等を規定しました。

3　生活再建視点の納付相談
　〜生活再建型債権管理条例と野洲市くらし支えあい条例〜

　野洲市では、2015年4月1日に野洲市債権管理条例を施行しました。野洲市債権管理条例は、生活困窮者等の生活再建をベースにした滞納整理という特徴を持っています。そして、野洲市くらし支えあい条例第24条第3項では、この債権管理条例と組み合わせることで、生活困窮者等の生活の再建を図ることを規定しています。

　野洲市債権管理条例では、公租公課等の滞納がある市民の納付相談において、その方の生活困窮状態がわかれば、本人の同意を得て市民生活相談課に相談をつなぎ支援を行うこととしています。また、野洲市債権管理条例第6条では、非強制徴収公債権及び私債権について生活困窮状態による徴収停止を、第7条では私債権について生活困窮状態かつ資力の回復が見込めないとき等一定の条件下での債権放棄などが規定されており、生活困窮者への支援の視点が条例に組み込まれています。

　公租公課等の滞納の背景には、その方の生活困窮状態があることがあります。具体的には、失業や借金、またこれらの背景にある心身の病や両親の介護・離婚などの家庭問題などです。そして、これらの課題は複合的にからみあっている場合が多くあります。

　これらの課題を無視して、生活困窮状態に陥ったことで滞納となっているケースに対して、差し押さえ等の通常の回収方法を行うことは、滞納状況の一時的な解消にしかなりません。それどころか強制的な徴収を行ってしまうと、その方の生活が完全に破綻する恐れがあります。

　野洲市では、公租公課等の滞納を市民からのSOSであると捉え、市民の生活再建につなげる取組を行っています。また、生活再建により支払能力も回復し、公租公課等の納付も期待することができます。

（久保田直浩）

第9章 教育

Q34 高校、大学等に進学するときの支援内容を教えてください

　高校生等への進学支援としては、授業料に充てるための就学支援金を支給する「高等学校等就学支援金制度」、授業料以外の教育費の負担を軽減するため、高校生等がいる低所得世帯を対象に支援を行う「高校生等就学給付金制度」などの支援があります。
　大学等に進学するときの支援には、各大学等の授業料の減免制度や、奨学金制度などがあります。
　なお、制度はその時々で変化するため、現時点での制度の詳細は、文科省や都道府県、各制度の実施期間に確認してください。

1 授業料の支援 ― 高等学校等就学支援金制度

(1) 制度概要
　国公私立を問わず、高等学校等に通う一定収入額未満の世帯の生徒に対して、授業料に充てるため、国において支援金を支給する制度です。
(2) 所得要件
　保護者等[1]の市町村民税所得割額が30万4200円（モデル世帯[2]で年収910万

1　原則、親権者（両親がいる場合は2名の合算額で判断）、親権者がいない場合は扶養義務のある未成年後見人、保護者がいない場合は主たる生計維持者または生徒本人の市町村民税所得割額で判断。
2　両親のうちどちらか一方が働き、高校生一人（16歳以上）、中学生一人の子どもがいる世帯。

円）未満である方が対象です。
(3) 申請時期と申請方法

　手続きに必要な書類や説明資料は、合格発表後に学校から配布されます。

　原則として、入学時の4月に、申請書を作成して、市町村民税所得割額が確認できるもの（市町村民税税額決定通知、納税通知書、課税証明書等）と一緒に提出することが必要です。この手続により受給資格の認定を受けた後は、原則、毎年7月に、学校を通じて配布される収入状況届出書と、市町村民税所得割額が確認できる上記の書類を提出する必要があります。

(4) 支給限度額

　以下のとおりです。授業料が下記に達しない場合には授業料の額が限度となります。

国立高等学校、国立中等教育学校の後期課程	月額9600円
公立高等学校（定時制）、公立中等教育学校の後期課程（定時制）	月額2700円
公立高等学校（通信制）、公立中等教育学校の後期課程（通信制）	月額 520円
国立・公立特別支援学校の高等部	月額 400円
上記以外の支給対象高等学校等	月額9900円

　単位制の高等学校、中等教育学校の後期課程、専修学校においては、履修単位数に応じた支給となります。

※加算支給

　私立高等学校、私立中等教育学校の後期課程、私立特別支援学校、国立・公立・私立高等専門学校、公立・私立専修学校、私立各種学校については、世帯の収入に応じて、以下のとおり、月額9900円を1.5倍～2.5倍した額が支給されます。

年収250万円未満程度（市町村民税所得割非課税）の世帯	年額29万7000円（2.5倍）
年収250～350万円未満程度（市町村民税所得割額5万1300円未満）の世帯	年額23万7600円（2.0倍）
高等学校等就学支援事務の適正な実施に関する取組年収350～590万円未満程度（市町村民税所得割額15万4500円未満）の世帯	年額17万8200円（1.5倍）

　上記の高等学校等就学支援金制度に加えて、各都道府県で、授業料等の支援を設けている場合がありますので、詳細については各都道府県にお問い合わせください。

2 授業料以外の教育費の支援 ― 高校生等就学給付金

授業料以外の教育費（教科書費、教材費、学用品費、通学用品費、校外活動費、生徒会費、PTA会費、入学学用品費等）の負担を軽減するため、高校生等がいる低所得世帯を対象に行う支援です。

国の補助基準は以下のとおりですが、各都道府県において制度の詳細は異なるので、各都道府県にお問い合わせください。

- 生活保護受給世帯（全日制等・通信制）
  - ・国立・公立高等学校等に在学する人　　年額3万2300円
  - ・私立高等学校等に在学する人　　　　　年額5万2600円
- 非課税世帯（全日制等）（第一子）
  - ・国立・公立高等学校等に在学する人　　年額7万5800円
  - ・私立高等学校等に在学する人　　　　　年額8万4000円
- 非課税世帯（全日制等）（第二子以降）
  - ・国立・公立高等学校等に在学する人　　年額12万9700円
  - ・私立高等学校等に在学する人　　　　　年額13万8000円
- 非課税世帯（通信制）（第二子以降）
  - ・国立・公立高等学校等に在学する人　　年額3万6500円
  - ・私立高等学校に在学する人　　　　　　年額3万8100円

3 高等学校等奨学金

高等学校等に在学する生徒等や、高等学校等への進学を希望する生徒に対し、修学や入学のための資金として、地方公共団体（都道府県・市町村）等から、奨学金を貸与または給付する制度があります。制度の詳細は、各地方公共団体にお問い合わせください。

4 大学等への進学の支援

大学等への進学の支援には、大学等の授業料減免制度、奨学金制度などがあります。授業料減免、各大学等が実施している奨学金については各大学等に、独立行政法人日本学生支援機構が行っている奨学金（貸与型・一部給付型）については機構に問い合わせるほか、Q35、36をご参照ください。

5　その他の支援

　母子（父子）家庭の母（父）と子を対象とした「母子福祉資金・父子福祉資金」（窓口：お住まいの地域の役所窓口）、地域の社会福祉協議会が行っている「生活福祉資金（教育支援資金）」（窓口：お住まいの区市町村社会福祉協議会）、遺児家庭の子ども（交通事故を除く）を対象とする「あしなが奨学金」（窓口：あしなが育英会）、交通事故による遺児家庭の子どもを対象とする「交通遺児育英会奨学金」（窓口：交通遺児育英会）などの貸付けによる制度もありますので、各窓口にお問い合わせください。

（岩重佳治）

Q35 奨学金（特に日本学生支援機構の奨学金）の内容について教えてください

　奨学金は、高校や大学等への修学のための資金を支援する制度の一種です。実施主体は、国、地方公共団体、民間団体、高校・大学等さまざまであり、形態にも、返済を要する貸与型奨学金と、返済の必要のない給付型奨学金があります。

1　「独立行政法人日本学生支援機構」の奨学金

　現在、大学等への修学のために最も多く利用されているのが「独立行政法人日本学生支援機構」の行っている奨学金で、大学生等の約4割が利用しています。その特徴は、ほとんどが「貸与」つまりは借金だという点にあり、卒業後などに返済をしなければなりません。将来の返済額や返済期間、返済に困ったときの対応（Q36参照）などをよく知った上で利用することが大切です。

(1) 貸与型奨学金の種類

　機構が貸与する奨学金には、無利子の第一種と有利子の第二種があり、併用ができます。それぞれに利用するための成績要件と家庭の収入要件があって、無利子の方が少し基準が厳しくなっています。有利子の奨学金の金利の利率は時期等により変わりますが、上限は年3％です。

　この他に、一定の条件の下に入学時の一時金を貸与する「入学時特別増額貸与奨学金」（有利子）があります。

　なお、返済が遅れると、利子とは別に、元金に対して年5％の割合（2014年3月までは年10％）の延滞金が附加されます。

(2) 貸与額

　貸与金額は、第一種・第二種、学校の種類、国公立・私立、自宅・自宅外により異なり、それぞれの場合に認められるいくつかのパターンから選択します。例えば、2017年度の（進学後に貸与を申込む）在学採用者が、私立大学に通うために第二種奨学金を利用する場合には、貸与月額は3万円、5万円、8万円、10万円、12万円から選択します。

（3）返済額と返済期間

　機構の貸与型奨学金の返済方式には、毎月または毎年一定額を返済する「定額返還方式」と、所得に応じて毎回の返済額が変わる「所得連動返還方式」があり、これにより毎月の返済額と返済金額は異なります。「所得連動返還方式」は2017年度から導入されましたが、これは第一種にしか適用されません。

① 定額返還方式

　　月賦または年賦で毎回一定額の返済をする方法です。毎回の返済額と返済期間は、借入額によって異なります。例えば、第二種奨学金を毎月12万円で4年間借りた場合、利息の利率を仮に年3％とすると、返済期間は20年（240回）で、毎月の返済額は3万2287円、返済総額は775万1445円となります。

② 所得連動返還方式

　　所得に応じて毎月の返済額が変動します（月賦のみで年賦は利用できません）。

　　例えば、定額返還方式では月額1万4400円を15年間で返済するようなケースの場合、所得連動返還方式では、月賦額が、年収200万円の場合には4700円、年収300万円では8900円、年収400万円では1万3500円、年収600万円では2万3500円などとなります。なお、所得確認のため、マイナンバーを提出する必要があります。

　　所得連動返還方式は、返済の負担と不安を減らすとして導入されたものですが、以下のような問題があります。

・第一種奨学金のみに適用される

　　現在のところ、所得連動返還方式は無利子の第一種にしか適用されず、有利子の第二種は定額返還方式のみです。

・低所得者にも返済を求める

　　諸外国の所得連動返還方式では、返済を開始する最低の所得額を設け、それ以下の所得の人には返済を求めません。しかし、機構の制度では、収入が全くない人も含めて、非課税の人にも毎月2000円を支払わせることになっています。

・最長返済期間、年齢の制限がない

所得連動返還方式では、毎回の返済額が減る分、返済回数と返済期間は多くなり、一生返済に追われることにもなります。そのため、諸外国の所得連動返還方式では、最長の返済期間や年齢を定め、その後は支払いを免除するのが通常です。しかし、機構の制度では、完済または死ぬまで返済を求められるものとなっています。
・扶養者の収入も考慮する
　結婚などして、被扶養者になると、契約当事者でない扶養者の収入も合算して月賦額が決められます（但し、定額返還方式の場合の月賦額を限度とします）。そのため、扶養者の所得証明の提出も求められ、応じなければ、所得連動返還方式の利用ができなくなります。

(4) 保証制度

　機構の貸与型奨学金では、個人の保証人を付けるか（個人保証）、保証機関に保証料を支払って保証を依頼するか（機関保証）を選択します（なお、所得連動返還方式は機関保証のみです）。個人保証では2人の保証人が必要で、父母などが連帯保証人、その他の親族が保証人になるケースが多いようです。機関保証の場合には、毎回の奨学金から保証料が天引きされ、支払いが滞ると保証機関が機構に返済して、その後、保証機関から本人に請求します。返済ができなくなった場合、本人が自己破産などで支払いを免れても、それだけでは保証人の責任はなくなりません。そのため、万が一に備えて、自己破産などの救済制度を利用しやすくするには、機関保証を選択する方が賢明だと思います。

(5) 救済制度

　貸与型奨学金は、将来の仕事や収入、つまり返済能力が分からない状態で借りる極めて特殊な借金です。したがって、返せなくなる危険は最初から制度に内在しており、格差と貧困の拡大や、低賃金不安定労働の急増などで、その危険はとても高くなっています。そのため、貸与型奨学金では、返済困難になった人に対する救済制度が不可欠のものです。

　機構の奨学金にも、「返還期限の猶予」「減額返還」「返還免除」などの救済制度は一応存在しますが、不十分です。特に、延滞があると利用できないなどの制限があるため、利用する場合には、早めの利用が必要です。これについては、Q36を参照してください。

第9章　教育

(6) 給付型奨学金の導入とその課題

　2018年度から、児童養護施設で育った子ども、非課税世帯の子どもなど、進学により困難を抱える子どもに給付を行うことになりました（2017年度から一部先行実施）。しかし、その規模は極めて限られており、対象は1学年あたり約2万人で、非課税世帯から大学等に進学する若者約6万人の3分の1に過ぎません。金額も月額2万円〜4万円と限られており、貸与を併用せざるを得ない状況です。

　また、選考に際しては、機構が作成したガイドラインに基づき、各学校が作成した基準により選考されますが、機構のガイドラインは、高い学習成績、教科以外の学校活動等での大変優れた成果等を求めているところ、限られた割当て人数の中で、選考に困難を感じている学校現場も少なくありません。また、著しい成績不振の場合には、返還を求める場合があるとされていますが、規模からして貸与型を併用せざるを得ず、アルバイト漬けの学生生活を余儀なくされる中で、成績により返還を求められる可能性が残れば、利用者は不安定な立場に置かれることになります。

　給付型奨学金の導入は前進ですが、今後、規模と内容を充実させ、真に利用しやすい制度に変えていく必要があります。

2　その他の奨学金

　各高校・大学独自の制度、一人親家庭の福祉資金貸付制度、民間団体、地方公共団体の奨学金など、さまざまな制度があります。金額、給付型・貸付型の別その他条件はさまざまです。

　高等学校等への修学のための公的奨学金については、各地方公共団体（都道府県・市町村）に、民間団体や高校・大学等が実施する奨学金の詳細については、各実施団体、学校等にお問い合わせください。

（岩重佳治）

Q36 奨学金が返せません。どうすればいいですか？

1 誰でも返済に陥る可能性がある

　貸与型奨学金は、将来の仕事や収入、つまり返済能力が分からない状態で借りる極めて特殊な借金であり、返せなくなる危険は最初から制度に内在しています。格差と貧困の拡大や、低賃金不安定労働の急増などで、その危険はとても高くなり、奨学金の返済に苦しむ人が増えています。

　特に、多くの大学生等が利用する「独立行政法人日本学生支援機構」の奨学金では、延滞3ヶ月で信用情報機関への延滞情報の登録、延滞4ヶ月で債権回収会社への回収委託、延滞9ヶ月で裁判所を利用した督促手続など、近年、回収が強化されており、救済策も不十分です（Q35参照）。

　奨学金の返済困難に陥る可能性は誰にでもあるのであり、それは自分だけの責任ではありません。したがって、返済困難に陥ったら、迷わず、後に記載した相談先などに早めに相談することが何よりも大切です。

2 機構の貸与型奨学金制度における救済制度と問題点

　機構の貸与型奨学金には、返済困難者に対する救済制度がありますが、多くの問題点もあります。特に、延滞があると利用が制限されるため、これらの制度をよく知った上で、返済に困りそうになったら、早めに利用することが大切です。主な救済制度は次のとおりです。

(1) 返還期限の猶予

　病気や経済的困難にある人などには、返済を先延ばしにする「返還期限の猶予」という制度があります。経済困難を理由とする場合、その基準は年収300万円以下（自営業の場合には年間所得200万円以下）が基準で、所得控除があります。経済困難を理由とする場合、この制度を利用できる期間は10年に制限されているので、その後は、収入が少なくても利用できません。問題なのは、このような利用制限が「運用」によってもなされていることで、例えば、延滞がある人は、延滞している元金と延滞金をすべて支払うなどし

て解消しなければ、救済制度の利用が制限されます。

　このように、延滞があると猶予を利用できないという運用には従来から批判が多く、2014年4月からは、年収が200万円以下など、ごく限られた場合ですが、延滞があっても、それを据え置いたままでの返還の猶予が認められるようになりました。しかし、その後の2014年12月、機構は、この新たな制度の利用をも制限するようになり、機構が裁判を起こした人や、返済義務の一部が時効にかかっていると主張した人には、延滞据置型の猶予制度を使わせないという運用を始めました。

(2) 減額返還制度

　毎回の返済額を半額にする制度です。利用期間が10年と限られ、延滞があると制度の利用自体ができません。

(3) 返還免除

　重い病気や障害で、稼働能力が大きく制限されたり、稼働能力を失った場合に、返還の全部または一部を免除する制度です。これも、延滞があると利用することができません。この返還免除制度は、病気や障害が症状固定の状態にあること、回復の見込みがないことが条件となっているため、それを理由に、機構は、明らかに回復の見込みがない人に対しても、何年か猶予制度の利用を繰り返した後でなければ、免除の申請用紙自体を交付しないなどの運用をしていますが、このような運用は改める必要があります。

3　時効制度の利用

　貸与型奨学金は、毎月、または毎年の返済日から10年（会社がやっている奨学金は5年）を過ぎると、順次、時効にかかって払わなくてよくなります。機構の奨学金の場合は10年で時効が成立します。したがって、そのような場合には、時効なので支払わないという主張（時効の援用）をします。但し、まだ時効時間を経過していない部分の支払いは免れません。また、時効期間が進行している間に支払ったり、返還猶予を求めるなど「債務を承認した」と認められる行為をすると、進行中の時効が中断し、時効が完成した後に支払ったりすると時効が主張できなくなる場合があるなど、時効には難しい問題もあります。そのため、時効にかかっている可能性を感じたら、早めに弁護士・司法書士や消費生活センターなどに相談してください。

4 自己破産のすすめ

　それでも救済ができない場合には、自己破産を考えます。自己破産とは、収入と財産で借金が返済できない場合に利用する裁判所を利用した手続です。生活に必要なもの以外の財産を処分して債権者に配当し、その後、免責許可決定を得ると、税金等一定の債務を除いては支払わなくてよくなります。免責許可決定を受ければ、機構の奨学金も、それ以外の奨学金も、支払いを免れます。

　自己破産については、戸籍謄本や住民票に載るのではないか、選挙権を失うのではないか、会社に分かるのではないかなどと心配する人がいますが、これらはすべて誤解です。

　財産については、99万円までの現金や家財道具などを保有することができます。それ以外にも、各地の裁判所の運用で、一定額の預金や保険、自動車なども保有できる場合があります。破産手続が開始すると、生命保険の募集員や警備員など一定の仕事については、その資格を失いますが、免責を許可する決定が確定すれは、そのような制限もなくなります。

　但し、自己破産で免責を得て本人が支払いを免れても、その効力は保証人には及ばないので保証人への請求は止まりません。保証人自身の状況に応じて、別途対応が必要となります。この場合、保証人への請求をおそれて自己破産をためらう人がいますが、自己破産をしなくても、支払いが滞れば保証人に請求は行くのであり、無理をして返済を続けた後で、延滞金が膨らんだ後に保証人に請求が行けば、その分、保証人の負担も大きくなります。保証人の損害を最小限に留めるには、保証人に早めに対応してもらうことが必要な場合も多いことに注意が必要です。

5 奨学金の返済に困ったときの相談先

　奨学金の返済に困ったときは、一人で悩まず、以下の相談先などに早めに相談してください。
（1）日本学生支援機構奨学金返還相談センター（電話 0570 - 666 - 301）
　機構の相談窓口です。但し、機構の相談担当者が必ずしも適切なアドバイスをしているとは言えない場合があることに注意が必要です。

(2) 以下の相談先窓口は、いずれも信頼できる相談先です。
　奨学金問題対策全国会議（電話 03 - 5802 - 7015）
　北海道学費と奨学金を考える会（通称 インクル）（電話 011 - 206 - 0768）
　みやぎ奨学金問題ネットワーク（電話 022 - 711 - 6225）
　埼玉奨学金問題ネットワーク（電話 048 - 862 - 0342）
　NPO 法人 POSSE（電話 03 - 6693 - 5156）
　奨学金返済に悩む人の会（電話 03 - 3267 - 0266）
　奨学金問題を考えるしずおか翔学会（電話 053 - 456 - 3077）
　愛知県奨学金問題ネットワーク（電話 052 - 916 - 5080）
　大阪クレサラ・貧困被害をなくす会（大阪いちょうの会）
　　　　　　　　　　　　　（電話 06 - 6361 - 0546）
　奨学金問題と学費を考える兵庫の会（電話 078 - 362 - 1166）
　和歌山クレサラ・生活再建問題対策協議会（電話 073 - 433 - 2244）
(3) 弁護士（弁護士会）、司法書士（司法書士会）、法テラス、国民生活センター、消費生活センターなど。
　但し、相談担当者によっては、奨学金制度に必ずしも詳しくない場合があるので、その場合には、担当者から上記②の相談窓口に問い合わせてもらってください。

（岩重佳治）

第10章 住　　宅

Q37 新しい住宅セーフティネットが整備されたと聞きました。どのように活用できるのでしょうか？

1　住宅セーフティネット法

　高齢単身者は今後10年で100万人の増加が予想されています。しかし、高齢単身者が新たに賃貸住宅を確保しようとしても、孤独死や、身寄りがないことなどをリスク要因として、賃貸借契約に応じてもらえないことがあります。

　また、若年層の収入も雇用の不安定化などにより減少し、30歳代の平均給与は2015年度で416万円とピーク時から12％もダウンしています。そのため、家賃の負担が大きくなります。

　このように、自力では賃貸住宅を確保することに困窮している方は少なくありません。日本では、長く、住宅の確保は「個人の甲斐性」の問題と捉えられ、特に、民間賃貸住宅の確保については、市場に委ねることとして、家賃補助などの制度を積極的に講じられていませんでした。

　2007年に制定された住宅確保要配慮者に対する賃貸住宅の供給の促進に関する法律（住宅セーフティネット法）は、高齢者、子育て世帯、低額所得者（公営住宅法施行令に定める算定方法による月収が15.8万円（収入分位25％）以下の者）、障害者、被災者などを住宅の確保に特に配慮を要する者（住宅確保要配慮者）として、民間賃貸住宅への入居を確保する施策の基本的な枠組みを制定しましたが、次のとおり、平成29年通常国会において改正され、

新たな住宅セーフティネット制度が創設されました。

2 登録制度の創設

　登録制度は、賃貸人等があらかじめ一定の基準に適合した住宅を「住宅確保要配慮者の入居を拒まない賃貸住宅」として都道府県に登録し、都道府県が、登録住宅の情報を住宅確保要配慮者に開示するとともに、賃貸人に対しても必要な指導監督を行うこととされました。空き家等を登録住宅の基準に適合するように改修するための費用については住宅金融支援機構の融資対象に追加しました。また、2017年度からの予算措置として、専ら住宅確保要配慮者のために用いられる登録住宅（専用登録住宅）については、改修費用を国や地方公共団体が補助をし、また、家賃債務保証料や家賃の低廉化のために国と地方公共団体が補助をすることになりました（保証料補助の上限は国3万円・地方3万円／戸・年で、家賃補助の上限は国2万円・地方2万円／戸・月で、年24万円／戸まで併用して補助を受けることができます）。

　しかし、賃貸人側があらかじめ登録をしていなければ、家賃等の補助などを利用することはできません。したがって、賃借人の側で転居をしたいと思った物件が登録されていなければ、家賃等の補助を受けることができないのです。

　国土交通省は、家賃等の補助などの優遇措置を講ずるなどして、登録戸数を2020年度末までに17.5万戸（年5万戸のペース）を確保する目標を掲げていますが、登録が進むかどうかは未知数である上、高負担家賃のために適切な住居を確保できない層（公営住宅への入居対象となる収入であるが公営住宅に入居できない者）への供給としては、なお足りないというべきです。

3 居住支援法人

　改正法では、登録住宅の情報提供や入居相談など、住宅確保要配慮者の入居を円滑化するための活動に取り組む居住支援法人を都道府県が指定する制度を設け、居住支援法人に対しては援助をすることができるようになりました。また、居住支援法人は、家賃債務保証の業務を行うものとされました。

4　家賃債務保証

　登録住宅の賃貸借契約に際しては、主として、賃貸人側の家賃未収の不安に対応するために、家賃債務保証業者による機関保証が利用されることが予定されています。改正法では、登録住宅における家賃債務保証業の適正さを確保するため、適正に家賃債務保証を行う業者について、貸借人等への情報提供を行うとともに、住宅金融支援機構の保険引受けの対象に追加することとしました。併せて、家賃債務保証業登録規程（大臣告示）を制定し、家賃債務保証業につき任意の登録制度を創設し、登録した家賃債務保証業者でなければ、登録住宅における家賃債務保証ができず、また、保険引受けや保証料補助を受けられないこととしました。

　家賃債務保証業者による苛酷な滞納家賃の取立てや、鍵交換などをして賃借人を賃貸住宅から閉め出す「追い出し」行為による被害が多発し、社会問題になっていました。他方で、家賃債務保証業者による機関保証の利用は民間賃貸住宅で57％にも達しており、規制が待ったなしの状況にありました。

　今般、いわば登録住宅への参入の条件として家賃債務保証業者の登録制度が創設され、業務規制がなされることになりましたが、賃借人の居住の権利を脅かすような事業者を参入させること自体が住宅セーフティネットの趣旨と矛盾するものであり、保証料補助などの公金投入には疑問を感じざるを得ません。本来は、登録住宅においては保証人を不要とするか、高齢者住宅財団などの公的保証を拡充する措置を講じるべきでした。

　とはいえ、登録規程が整備され、次のとおり、家賃債務保証業者に対する規制がなされることになったことは、注目しておくべきです。

　家賃債務保証業者は、登録申請時に提出すべき書面として、求償権の行使方法に関する事項を記載した書面の提出を要求されており、当該書面では、賃借人の平穏な生活を害する行為に関する事項として、不当な取立て行為が類型化されていて、これらを禁止する社内規則等の定めを設けることが求められています（規程4条2項8号）。国土交通大臣は、上記の記載事項が「業務に関し、賃借人の生活の平穏を害するおそれがない」といえないときには、登録をしないこととされています（規程6条1項14号ハ）。また、業務処理の準則として、家賃債務保証業者に対し、「賃借人その他の者の権利利益を侵

害することのないよう、適正にその業務を行わなければならない」旨の一般条項を定め（規程11条）、規程27条1項において、これに反した場合や、業務に関し、賃借人その他の者に損害を与えたとき、又は損害を与えるおそれが大であるとき、業務に関し、公正を害する行為をしたとき、又は公正を害するおそれが大であるとき、業務に関し他の法令に違反し、家賃債務保証業者として不適当であると認められるときには、国土交通大臣による指導、助言、勧告を行うことができ、これらの事由に該当する場合で情状が特に重いとき、又は指導等に従わなかったときには、登録を取り消すものとしています（規程28条1項7号）。このように、登録規程は、家賃債務保証業者に対し、賃借人の生活の平穏を害する求償権の行使方法を禁止する旨の社内規則等の定めを設けさせ、賃借人その他の者の権利利益を侵害したりした場合に行政指導や処分を行うこととして、家賃債務保証業者が不当な取立て行為等により賃借人等の権利利益を害することのないようにしています。

5　生活保護受給者の住宅扶助費等についての代理納付の推進

　改正法では、登録住宅の賃貸人が居住支援協議会の構成員である場合には、生活保護を受給している登録住宅の賃借人が家賃を滞納していれば、当該事業者は、保護実施機関に情報提供をして、保護当局が代理納付を行うなどの措置ができるようになりました。

（増田　尚）

第11章 税金の滞納とその対応

Q38 税金を滞納して督促が来ていますが、相談しても受け付けてもらえません。どうすればいいですか？

　相談しても受け付けてくれないというのは、役所（税務署、都道府県税事務所、市町村役場）の姿勢として間違っています。そもそも納税は期限内に自主納付することが原則ですが、やむなく滞納に至った場合には、もう一度役所の窓口まで出向いて、納税に対して誠実な意思があることを示すことが必要です。

　この点について、平成27年3月2日付国税庁事務運営指針「納税の猶予等の取扱要領の制定について」の「第1章　基本的な考え方」にも、次のような記載があります。

> 「滞納整理に当たっては、画一的な取扱いをすることなく、納税者の個別的、具体的な実情に即して適切に対応する必要がある。（中略）また、納税者から、滞納となっている国税を直ちに納付することが困難である旨の申出があった場合には、納税者の視点に立って、その申出の内容を十分に聴取し、納税についての誠実な意思を有していると認められる場合などについては、換価の猶予等の活用を図るよう配意する」

　したがって、税金を滞納したとしても、納税が直ちにできない事情があることを申し出れば、役所は、納税者の視点に立って、その申出の内容を十分に聴取しなければなりません。納税に対する誠実な意思があることを示すために、もう一度、堂々と役所に納税相談に行きましょう。その際には、上記

の国税庁事務運営指針をプリントアウトして持参することをお勧めします。
　では、役所が滞納税をすぐに一括して納付しろ、と言った時には、どうすればいいでしょうか。
　督促状が発送されてから10日を過ぎれば、役所は、あなたの財産を差し押さえることができます。つまり、一括して納付できないからといってそのまま放置していれば、給料や預金、あるいは不動産などが差し押さえられてしまいます。
　こんな時には、納税緩和制度を利用しましょう。次のような制度があります。

1　納税の猶予（徴収の猶予、国税通則法46条、地方税法15条）

　納税者が災害によって損害を受けたり、病気や事業の休廃業などにより、一時に納税することが困難な事情が生じた場合には、納税者は納税の猶予を求めることができます。
（1）要件
① 　以下の要件のいずれかに該当することが必要です。
　・財産が災害（震災、風水害、火災など）を受けたり、盗難にあったこと。
　・納税者や生計を一にする親族が病気になったり、負傷したこと。
　・納税者が事業を廃止したり、休止したこと。
　・納税者が事業に著しい損失を受けたこと。
　・上記に類する事実があったこと。
② 　①の事実のために、税金や国保料を一時に納付することができないこと。
③ 　納税者が猶予申請書を提出したこと。
（2）効果
　　納税の猶予が認められた場合には、次のような効果があります。
① 　税金や国保料の徴収が免除されます。猶予の期間は原則1年以内ですが、やむを得ない場合は2年まで延長できます。
② 　新たな督促や滞納処分をすることができなくなります。
③ 　猶予期間中は延滞税（延滞金）が原則として免除されます。
④ 　申請によって差押えが解除されることもあります。

2 換価の猶予

　換価とは、差押えた財産を公売して金銭に換える手続きのことです。前記1の納税の猶予は、災害や事業の休廃止といった一定の事情がなければ利用できません。これに対し、この換価の猶予は、そういった事情がない場合でも利用でき、税金滞納による財産の差押えを止めることができます。

　なお、これまで換価の猶予には、税務署長等の職権による制度しかありませんでしたが、近年の法改正により、納税者の申請による換価の猶予が認められることとなりました。

　まずは申請による換価の猶予を検討し、要件に適合しなければ職権による換価の猶予の適用を願い出る（請願する）とよいでしょう。

(1) 職権による換価の猶予（国税徴収法151条、地方税法15条の5）
　　次の要件が必要になります。
① 滞納者が、納税について誠実な意思を有すると認められること。
② 納税の猶予、申請による換価の猶予を受けている場合ではないこと。
③ 次のいずれかの要件を満たすこと。
　・その財産を直ちに換価することにより滞納者の事業の継続又は生活の維持を困難にするおそれがあること
　・財産の換価を猶予する方が滞納租税及び近い将来において納付すべき租税の徴収上有利であること

(2) 申請による換価の猶予（国税徴収法151条の2、地方税法15条の6）
　　次の要件が必要です。
① 納付すべき国税を一時に納付することにより、その事業の継続又はその生活の維持を困難にするおそれがあると認められること。
② 滞納者が納税について誠実な意思を有すると認められること。
③ 滞納者から納付すべき国税の納期限から6ヶ月以内に換価の猶予の申請書を提出すること。
④ 納付すべき国税について納税の猶予の適用を受けている場合でないこと。
⑤ 原則として、換価の猶予の申請にかかる国税以外の国税の滞納がないこと。

(3) 効果
① 原則として1年間は、差押財産を換価することができなくなります。ま

た、必要があると認められる場合には、差押を猶予し、既にしている差押を解除することもできます。
② 延滞税についても、半額は免除され、残り半額はさらに減免されることがあります。
③ 換価の猶予の期間は原則1年以内ですが、期間内に納付できないことがやむを得ない場合には、2年間まで猶予期間を延長できます。
④ 猶予期間中に分割払いをさせることができます。

3 滞納処分の停止（国税徴収法153条、地方税法15条の7）

滞納処分の停止とは、納税者に財産がなく、生活に困窮する場合に、税や国保料の徴収を停止する制度です。

ただし、税務署長等の職権による制度なので、停止しないことを理由に不服申立てをすることはできません。それでも、税を滞納して納税できないのであれば、納付できない事情を丁寧に説明したうえで、税務署長などに対して滞納処分の停止を求める（請願）するべきです。

(1) 要件
① 滞納処分をすることができる財産がないとき。
② 生活を著しく窮迫させるおそれがあるとき。
　滞納者の財産に滞納処分（財産差押え）を執行することによって、滞納者が生活保護法の適用を受けなければ生活を維持できない程度の状態（最低生活費相当額（10万＋4.5万×家族人数）で営まれる生活の程度）になるおそれのある場合をいいます。
③ 納税者の所在及び滞納処分を実行すべき財産がともに不明のとき。

(2) 効果
① 滞納処分が禁止され、差押が解除されます。
② 滞納処分の停止が3年間継続したときは、その租税債務も延滞税も消滅します。
③ 延滞金が免除されます。

4　その他（国保料（税）が支払えない場合）

(1) 国保料（税）は、先に述べた納税緩和制度以外に、特別の理由や事情がある場合、市町村の条例によって減額や免除ができます（国民健康保険法77条、地方税法717条）。減免の要件や内容は各自治体によって異なりますので、役所の窓口で、「国保税（料）が納付できません。国保税（料）の減免に関する要件や内容を教えてください」と聞いてみましょう。

(2) 国保税（料）は、前年の世帯収入に基づいて算定されます。一定の所得以下の世帯であれば、国保税（料）の均等割部分と平等割部分について、7割、5割又は2割の減額を受けられます。所得が役所に判明していない場合には、必ず申告をしましょう。

（仲道宗弘）

家計のコントロールで貯金ができる生活再建

　当会の会員で、「障害年金」専門の社会保険労務士の萩原秀長さんの言葉は私たちの「家計簿」運動の核心を突き、当事者の会の必要性に共鳴して会活動を支援してくれています。その言葉を先ず紹介したいと思います。

1　萩原社会保険労務士の所感

　障害年金が出たものの、節約や倹約していかないと生活が成り立たない。例えば、年金がせっかく出たのに、「こんなに携帯代を支払っていて大丈夫ですか？　入院費の支払いに困りませんか？」という方もいらっしゃいました。

　障害年金が出て、生活保護基準を超える人もいるんですが、超えない人が結構いらっしゃるんです。しかし、いきなり生活保護基準の収入を得るのは難しい人が、障害年金が決定して、「あとこの位の収入の仕事なら、働けるかも」といった「動機付け」にはなります。現在一人世帯で家族とは別居しているが、年金プラス働いて得た収入で生活保護を抜け出して（子どもとかと）一緒に住めるといった人のお手伝いもしています。

2　滞納税金の対処・家計簿

　当会は、借金の問題の救済や生活再建の取組と「適格消費者団体」をめざす2本柱の活動を行っています。

　税金滞納問題は、借金の詳細を聞き取る中で顕在化してきます。

　朝夕の新聞配達のダブルワークをしていたＳさんは、給料をそっくり奥さんに渡して、住宅ローンの返済月々11万円を返済する会社員。

　奥さんと息子さんは非正規の勤労者で国民健康保険に加入していました。地方税・国保を滞納して本税・延滞税合わせて700万円になっていました。Ｋ市は主たる給料の手取り18万円くらいを全額差押えしました。

　ひまわりの会に相談が有ってからは、家計簿を付け、税金と住宅ローンの返済計画をもって、差押えの金額を下げてもらおうと何回も足を運びましたが駄目でした。仕方なく「自己破産」をしました。その後Ｓさんは、怒りをバネに会の中で身に付けた「家計簿・家計コントロール」の意識を基に、差押えされていた給与月々18万円を滞納が無くなってからも貯金しています。息子さんが

結婚に向かっていることから、住宅資金に充てるために頑張っています。

3　滞納税金の対処・緩和措置

　2015年に自己破産をしたUさんは、自営業でした。2016年5月に免責決定が出て、借金は無くなりましたが、税金が600万円ほど残ってしまいました。非正規の仕事を続けながら、税務署に5000円、弁護士さんに5000円支払っていましたが、地元の自治体では、5000円では認められず、2016年8月の給料から差押えを受け、手取り15万円くらいの給料が手残り11万円ほどになってしまいました。同年8月には職場の健康診断を受け、高血圧と不整脈でお医者様に受診するように言われました。

　その後、当会に相談にお見えになりました。会では、「家計簿」をつけて、市と交渉を行い、「差押えの金額を少なくして、医者に受診させて欲しい」と何回か交渉を重ね、本人からも電話で仕事の合間に電話で要請を繰り返しました。

　同時に会では、Uさんに「フードバンク」の利用や「低額無料診療を行っている診療所が有るから一緒に相談に行こう」と勧めましたが中々決意ができませんでした。そうこうしている内にUさんは救急で運ばれ、入院して手術を受ける事になりました。Uさんが病院の入院費と支払に困って市役所に電話するとやっと、差押えした税金から医療費の支払いをしてくれることになりました。

　一応、この入院前にはUさんと相談して、自己破産の際の「免責決定」通知と高血圧症と狭心症が心配される「診断書」を付けて「滞納処分の執行停止」を求める「請願書」を提出していました。今後は、「一部負担金の減免」も考えられると思います。

（小倉光雄）

編集後記

　2016年12月、社会保障問題研究会で開催した障害年金ホットラインには多くの悲痛な相談がありました。一人一人の相談者にとっては、自分はどのような給付についての受給権を持つのか、その給付が適正に支給されるのかは死活に関わる重要な問題です。

　これらの切実な問題に対応するためには、単に年金の知識のみでなく、労働問題、医療・介護、子育て支援、生活困窮者自立支援、生活保護、住宅、教育、税金問題などの様々な分野での正確な知識と情報を相談者に提供することが必要不可欠です。そのような問題意識のもとに、全ての諸問題を網羅する参考書籍が作れないものかと本書の発行を企画したところ、学者、社会保険労務士、自治体職員、弁護士、司法書士、相談員など、多くの専門家が、自身の持つ専門知識、情報を惜しみなく提供くださり、社会保障専門分野の垣根を越えた相談窓口ともなる本書が完成しました。

　本書の特徴は、社会保障制度に関する38のＱ＆Ａとともに、相談手引きになるよう重要キーワードについて索引を入れたこと、そして、社会保障全般について制度に関わる当事者や支援者の声を、コラムとして入れたことです。年齢、性別、職業、本人の置かれた環境に関わらず、社会保障制度が必要となる場面が数多くあることがご理解いただけると思います。

　2017年度国家予算では、約32兆円に及ぶ社会保障関係費が見込まれていますが、これは国の財政の33.3％を占めており、少子高齢化の急激な変化に伴う社会保障費の増大による財政逼迫は、年々深刻な問題となっています。しかし、本書でも繰り返し言及している通り、わが国の社会保障は、憲法25条の「生存権」規定を受け、国民が健康で文化的な生活を保障するために必要不可欠なものです。財政難を理由に社会保障制度を必要としている多くの国民の権利がはく奪されることがあってはなりません。

　本書が、社会保障制度を利用する多くの方々の一助になれば幸いです。

　最後になりましたが、本書発行にあたり、企画時より発行に至るまで、耕文社兵頭圭児氏には大変お世話になりました。心より感謝を申し上げます。

社会保障問題研究会 事務局長　水谷　英二（司法書士）

索 引

【あ】

あしなが奨学金　163

【い】

育児休業給付　64, 65
遺族基礎年金　25, 51-55
遺族厚生年金　25, 53-55
遺族年金　21, 22, 35, 39, 40, 51, 54, 55, 116, 117, 142
一時生活支援事業　145, 146
移転費　65
医療費控除　103
医療費助成　118, 123, 124
医療保険　11, 12, 18, 80, 83, 86, 89, 92, 93, 98, 103

【か】

解雇　61, 62, 66, 68-71, 74, 78, 130, 156
介護休業給付　64, 65
介護サービス　98, 101-103
介護保険　11, 12, 18, 19, 57, 82, 88, 93, 97-105, 143, 157, 158
介護保険証　99
解雇予告手当　68, 69
加給年金額　30-33, 44, 52
学習支援準備事業　146
学生納付特例制度　23, 24
家計相談支援事業　145, 146
寡婦年金　25, 35, 51, 52
仮給付　145, 146
換価の猶予　176, 178, 179

【き】

基礎年金　18, 19, 22-27, 31, 33, 35-38, 40, 44, 51-55, 125, 142

求職活動支援費　65
求職者給付　61, 63, 65, 66, 69, 70
救貧的機能　12
給付型奨学金　164, 167
教育訓練給付（金）　64, 65, 120
併給禁止　13
強制徴収　57, 58, 159
居住支援法人　173

【く】

区分支給限度額　100
繰り上げ支給　35
繰り下げ支給　35, 38

【け】

ケアプラン　101, 102
ケアマネジャー　99-102
減額返還　166, 169
健康保険　9, 12, 15, 18, 19, 24, 39, 66, 67, 70, 71, 73, 74, 76, 80-84, 89, 90, 103, 119, 150, 180, 181
現況届　114, 115
限度額適用認定証　92, 93
憲法25条　8, 11, 15-17, 94, 129, 183

【こ】

高額医療　93, 103
高額医療費貸付制度　93
高額介護　93, 103
高額療養費制度　89, 93
後期高齢者医療制度　19, 80, 83, 89, 103
高校生等就学給付金　160, 162
公衆衛生及び保健医療　11, 13
厚生年金　19, 22-34, 36-40, 42-48, 53-55, 67, 71, 76, 142, 143
──保険法施行令別表　43, 46-48

交通遺児育英会奨学金　163
交通機関割引　120
公的扶助　11, 12
高等学校等就学支援金制度　160, 161
高年齢雇用継続給付　34, 64
国民皆年金　21, 39
国民皆保険　18, 80, 83, 85
国民健康保険　12, 15, 19, 66, 67, 74, 80, 82-84, 89, 103, 119, 180, 181
　── 料（税）の減免　66
国民年金　15, 19, 21-27, 29, 36, 37, 40, 42, 45-47, 51, 52, 56-58, 67, 119, 142-144
　── の連帯納付義務規定　56
　── 法施行令別表　43, 46
国民年金保険料　22, 24, 56-58, 67, 119
　── の減免・猶予　67
子育て支援事業　109
子どもの医療費助成　118
ゴミ処理手数料減免　120
雇用保険　11, 12, 15, 34, 39, 59, 61, 63-66, 69-71, 76, 78, 79, 150

【さ】

在職老齢年金　31-34
里親　110, 112
残業代　75-77

【し】

時効　39, 49, 77, 90, 169
事後重症請求　43, 49, 50
自己破産　132, 166, 170, 181, 182
実施要領　137
児童育成手当　117
児童家庭支援センター　111
児童自立支援施設　111
児童相談所　107, 111, 112
児童手当　13, 111, 113, 117
児童発達支援　107, 108, 111
　── センター　107, 108, 111
児童福祉　13, 107, 110-112, 115, 123, 125
　── 施設　110, 111, 115
児童扶養手当　13, 111, 113-117, 120, 121, 124, 125, 143
児童養護施設　109, 111, 167
死亡一時金　25, 51-53
社会的養護　112
社会福祉　8, 11, 13, 15, 60, 71, 85-88, 112, 149-154, 157, 188
社会保険　9, 11, 12, 18-22, 39, 42, 50, 64, 76, 97, 181, 183, 188
　── 方式　19-21
社会保障　2, 3, 7-11, 13-18, 20, 21, 40, 60, 94, 95, 142, 183
　── 基本法　16
　── 制度改革推進法　17
就学援助　118
就業促進手当　65
住居確保給付金　145, 146, 148-156
住宅セーフティネット法　172
収入認定　129, 132, 143
就労訓練事業　146
就労準備支援事業　145, 146, 154
受給金額の調整　13
受給3要件　41
受給資格期間　26, 27
授業料減免　162
受診状況等証明書　41, 50
障害基礎年金　25, 35, 40, 44, 52, 125, 142
障害厚生年金　25, 40, 43, 44
障害児　107, 108, 111, 115, 122- 125
　── 相談支援　108
　── 通所支援　107
　── 福祉手当　124
障害者　3, 13, 29, 45, 61, 71, 103, 105, 106, 122-126, 131, 143, 172
　── 控除　103
　── 総合支援法　125

―― 手帳　103, 105, 106, 122-124
―― 特例　29, 45
障害手当金　43, 45, 48
障害認定基準　43
障害認定日要件　41, 43
障害年金　23, 29, 30, 39-45, 49-51, 116, 142, 181, 183
奨学金　160, 162-171
上下水道減免　120
傷病手当金　66, 74, 84
職業訓練促進給付金　121
初診日　40-45, 49, 50, 53
―― 要件　41, 45
所得再分配　20
所得税　20, 103, 118, 125, 143
所得税・住民税減免　116
所得制限　113, 114, 116, 117, 124, 125
所得連動返還方式　165, 166
自立支援医療　123, 124
自立相談支援事業　145
申請主義　2, 8
申請免除　23, 24

【せ】

生活困窮者自立支援法　145, 157, 158
生活福祉資金（総合支援資金）
　　　71, 149, 151-154, 163
生活保護　2, 8, 12, 14-19, 83, 85-87, 95, 98, 117, 120, 129-138, 142-144, 148, 156, 158, 162, 175, 178, 181, 183
―― 基準　86, 129-131, 137, 142, 143, 181
―― 基準額　129, 130
―― 申請　136
―― 相談　134, 136
―― 手帳　137
―― 手帳別冊問答集　137
―― 法63条　144
生存権　8, 11, 15, 94, 129, 183

税方式　20
世帯合算　84, 92

【そ】

総報酬月額相当額　31-33
遡及請求　49, 50

【た】

第1号被保険者　22, 23, 27, 40, 42, 52, 67, 97, 98
第2号被保険者　24, 27, 40, 67, 82, 97, 98
第3号被保険者　24, 27, 40, 42, 51, 67
滞納処分の停止　178
多数回該当　91, 92

【ち】

地域生活支援事業　126
中高齢寡婦加算　55
長期加入者の特例　29
徴収猶予　66

【て】

定額部分　28-30, 32
定額返還方式　165, 166

【と】

登録住宅　173-175
特定疾病　98, 107
特定入所者　102
特別児童扶養手当　13, 111, 117, 120, 124, 125
特別障害給付金制度　45
特別障害者手当　125

【に】

日中一時支援事業　126
日本学生支援機構　162, 164, 168, 170
任意継続被保険者　66, 81, 82
認定日請求　49, 50

【ね】

年金保険　8, 9, 11, 12, 22-24, 26, 29-31, 33, 42, 46-48, 56-58, 67, 119, 142, 143

【の】

納税の猶予　176, 177, 179
納付猶予制度　23, 24

【ひ】

費用返還　144
貧困の連鎖　7

【ふ】

付加保険料　27, 53
福祉医療費助成制度　124
扶養義務　116, 124, 132, 160
振替加算　31, 38

【へ】

返還期限の猶予　166, 168
返還免除　166, 169

【ほ】

保育事業　108, 109, 110
保育料の免除と減額　120
放課後等デイサービス　108
報酬比例部分　28, 30-33, 36, 54
法定免除　23, 24
防貧的機能　12
保険料　9, 11, 12, 18-24, 26, 27, 33, 35, 41, 42, 45, 51-53, 56-58, 60, 66, 67, 70, 72, 80-83, 97, 98, 119, 120, 131, 142-144
　── 納付済期間　51, 53
　── 納付要件　41, 42, 45
　── 免除期間　51, 53
母子・父子家庭　113, 117-121, 124
　── 自立支援給付金　120
　── の住宅手当　117

母子・父子福祉資金　163
保証制度　166
補足性の原理　131

【む】

無料低額診療事業　85-88

【や】

家賃債務保証　173-175
雇い止め　61, 62, 66, 68-70

【よ】

要介護度　99-102
要介護認定　99, 100, 104

【り】

離職証明書　69
離職票　69, 70, 150
リバースモーゲージ　138
利用し得る資産　137
利用料　88, 101-103
臨時特例つなぎ資金貸付　150

【ろ】

老齢厚生年金　24, 25, 27-38, 45, 53-55, 142
　特別支給の──　27-32, 34, 36, 45
労働災害補償保険（労災保険）　11, 39, 72-74
労働時間　39, 59, 75, 77, 81
老齢基礎年金　24-27, 31, 33, 35-38, 51, 52, 55, 142
老齢年金　26, 28, 31-34, 39, 40, 116, 142, 143

著者紹介（執筆順）

木村　達也（大阪弁護士会）

佐々木育子（奈良弁護士会）

小池　直人（自治体職員）

村上　　晃（長野県弁護士会）

高田　智子（滋賀県社会保険労務士会）

藤岡夕里子（滋賀県社会保険労務士会）

岡澤　史人（釧路弁護士会）

小野　順子（大阪弁護士会）

山田　孟志（精神保健福祉士）

山口　浩次（大津市社会福祉協議会）

土井　裕明（滋賀弁護士会）

椛島　敏雅（福岡県弁護士会）

小野　啓輔（自治体職員）

甲斐道太郎（大阪市立大学名誉教授）

常岡久寿雄（千葉県弁護士会）

和田　洋子（長野県司法書士会）

野澤　貞人（長野県司法書士会）

宇都宮誠実（自治体職員）

喜成　清重（石川県司法書士会）

徳武　聡子（大阪司法書士会）

森　　弘典（愛知県弁護士会）

生水　裕美（自治体職員）

久保田直浩（自治体職員）

岩重　佳治（東京弁護士会）

増田　　尚（大阪弁護士会）

仲道　宗弘（群馬司法書士会）

小倉　光雄（NPO法人消費者支援群馬ひまわりの会）

水谷　英二（愛知県司法書士会）

編者　全国クレサラ・生活再建問題対策協議会　社会保障問題研究会
　1978年に結成された全国クレサラ・生活再建問題対策協議会内の研究会。学者、弁護士、司法書士、社会保険労務士、自治体職員、相談員など専門家が集まって社会保障問題を研究・討議し、シンポジウムやセミナー、障害年金110番などを実施している。

社会保障知っトクまるわかり
安心生活をつくる38の方法

発行日	2017年11月10日
編　者	全国クレサラ・生活再建問題対策協議会　社会保障問題研究会
装　丁	株式会社 ミックスフィックス
発行者	兵頭圭児
発行所	株式会社 耕文社

　　　〒536-0016　大阪府大阪市城東区蒲生1丁目3-24
　　　TEL. 06-6933-5001　FAX. 06-6933-5002
　　　http://www.kobunsha.co.jp/

ISBN978-4-86377-051-5　C0036
（落丁・乱丁の場合は、お取替えいたします）

全国クレサラ・生活再建問題対策協議会の本

社会保障相談員養成講座 Part1
社会保障制度を活用した生活再建支援
編著・発行　全国クレサラ・生活再建問題対策協議会
定価　税込1,500円（送料164円）

必携 法律家・支援者のための
生活保護申請マニュアル 2014年度版
（付録　最低生活費計算ソフト・書式入りCD）
編著　生活保護問題対策全国会議
発行　全国クレサラ・生活再建問題対策協議会
定価　税込1,800円（送料164円）

必携！ 生活者と中小企業の活動 Q&A
年金・社会保険に関する不服申立から中小企業の経営再建までを分かりやすく網羅的に解説
編著・発行　全国クレジット・サラ金問題対策協議会
定価　税込1,645円（送料164円）

知っておきたい
クレジット・サラ金事件処理の最新論点
編著・発行　全国クレジット・サラ金問題対策協議会
定価　税込2,468円（送料164円）

お申し込み先
全国クレサラ・生活再建問題対策協議会事務局（弁護士　河野　聡）
〒870-0047　大分市中島西1丁目4番14号　市民の権利ビル3階
TEL.097-533-6543　FAX.097-533-6547
E-mail：taikyo@oitashiminlaw.com

《書籍の注文方法》書籍のタイトル・冊数と書籍送付先の〒番号、住所、TEL番号FAX番号（お持ちの方）をご記入の上、上記までFAXもしくはメールでお申し込み下さい。送料について、ご不明な場合はお問い合わせ下さい。書籍代・送料については同封された郵便振替用紙にてお支払い下さい。また、ゆうちょ銀行の振込でも結構です。

耕文社の本

生活者のための民法（債権関係）& 消費者契約法改正
―― 法改正の概要と今後の課題

辰巳裕規 著
A5判　122頁　税込1,620円　ISBN978-4-86377-044-7　（2016年9月刊）
契約過程・契約内容の適正化の実現等、生活者・消費者にとってあるべき法改正に向けて提言する。

中国・北朝鮮脅威論を超えて ―― 東アジア不戦共同体の構築

進藤榮一・木村朗 編著
A5判　320頁　税込1,944円　ISBN978-4-86377-050-8　（2017年10月刊）
中国・北朝鮮敵視外交から、対話重視と信頼醸成の外交に向かうには？　沖縄を軍事の要から平和の要に転化し、東アジア不戦共同体を築くには？　緊張高まる東アジア情勢の中、第一線の論者が答える。

私たちの決断 ―― あの日を境に……

原発賠償京都訴訟原告団 編
A5判　128頁　税込1,296円　ISBN978-4-86377-048-5　（2017年9月刊）
福島県をはじめ東北・関東の被災地から京都に避難した57世帯174人が、国と東京電力を相手どって損害賠償を請求している集団訴訟。事故後の心身に起きた異変、激変した生活、家族との葛藤、訴訟に立ち上がった理由等、原告らの思いを綴った。

全国の書店、小社ウェブサイト（www.kobunsha.co.jp）でご注文できます。

耕文社の本

つながりを求めて ── 福島原発避難者の語りから

辰巳頼子・鳳咲子 編著

四六判　160頁　税込1,296円　ISBN978-4-86377-047-8　（2017年9月刊）

2011年からの6年間、避難生活と先の見えない不安、家族との葛藤、そのなかでどのように〈つながり〉を求め、日常を送ってきたのか。どのような〈支援〉が求められているか。原発避難者への聞き取りと考察。

労働を弁護する ── 弁護士 金善洙の労働弁論記

金善洙 著　山口恵美子・金玉染 訳　在間秀和・金容洙 解説

A5判　260頁　税込2,916円　ISBN978-4-86377-046-1　（2017年3月刊）

韓国の第一線の労働弁護士による、韓国の労働法と労働者の現代史。自身の担当した25の労働事件から、解雇、組合つぶし、非正規差別に抗する労働者の群像を描く。

志布志事件は終わらない

木村朗・野平康博 編著

A5判　282頁　税込1,998円　ISBN978-4-86377-045-4　（2016年11月刊）

2003年春の鹿児島県議選ででっち上げられた冤罪事件＝志布志事件。2016年8月「叩き割り」国賠訴訟が終結、すべての裁判で住民側が勝訴した。だが、捜査・取調べ・長期の裁判で塗炭の苦しみを受けた被害者への謝罪はない。事件の全貌と日本の刑事司法の闇を抉り出す。

全国の書店、小社ウェブサイト（www.kobunsha.co.jp）でご注文できます。